AF273833

IFCT085PO

PROGRAMACIÓN DE MACROS EXCEL CON VISUAL BASIC (NIVEL I)

IFCT085PO

PROGRAMACIÓN DE MACROS EXCEL CON VISUAL BASIC (NIVEL I)

Pablo E. Fernández Casado

La ley prohíbe
fotocopiar este libro

IFCT085PO - PROGRAMACIÓN DE MACROS EXCEL CON VISUAL BASIC (NIVEL I)
Thema: UFC Hojas de calculo
Bisac: COM054000
© Pablo E. Fernández Casado
© De la edición: Ra-Ma 2024

Editado por:
RA-MA Editorial
Calle Jarama, 3A, Polígono Industrial Igarsa
28860 PARACUELLOS DE JARAMA, Madrid
Teléfono: 91 658 42 80
Fax: 91 662 81 39
Correo electrónico: *info@grupoeditorialrama.com*
Internet: *www.ra-ma.es* y *www.ra-ma.com*
ISBN impreso: 978-84-1018-119-9
Depósito legal: M-2780-2024
Maquetación: Antonio García Tomé
Diseño de portada: Antonio García Tomé
Filmación e impresión: Safekat
Impreso en España en febrero de 2024

Al principio Dios creó al hombre,
*y viéndole tan débil, le dio el **perro***

ÍNDICE

INTRODUCCIÓN

QUÉ ES UNA MACRO DE EXCEL

Una macro puede definirse como una serie de instrucciones o comandos que se utilizan para automatizar tareas repetitivas o recurrentes. Esta automatización se puede realizar a través la introducción manual usando un editor de texto o a través de la grabación de un conjunto de acciones que, más tarde, podrán ser o no reproducidas a petición del usuario.

Las macros, también nos ofrecen la posibilidad de realizar tareas complejas de una forma más clara, organizada y eficiente. Por ejemplo, podríamos crear una macro para formatear automáticamente una tabla, realizar unos cálculos específicos, generar unos informes personalizados o, incluso, realizar una serie de acciones específicas en función de ciertas situaciones o circunstancias.

Cuando un usuario crea una macro en Excel, en realidad, lo que se está haciendo es crear una secuencia de comandos, fórmulas, formatos u otras operaciones que normalmente se realizarían de manera manual dentro de un módulo de código denominado VBA, acrónimo de Visual Basic for Applications (Visual Basic para Aplicaciones) y que se almacena dentro del propio archivo de Excel que se está utilizando en ese momento.

Es por ello que, si tras la creación de una macro miramos su contenido, lo que veremos es un conjunto de instrucciones escritas mediante un lenguaje de programación, que denominamos de alto nivel, diseñado específicamente para la automatización de tareas en aplicaciones de la suite de Microsoft Office, lo que incluye Microsoft Excel.

Pero, ¿y cómo se activa esta macro que hemos creado? Pues, una vez que hemos creado nuestra macro, la podemos asignar a cualquier acción que pueda ser detectada o usada como disparador. Esto es, la pulsación de un botón, de una combinación de teclas, el cambio de valor de una celda o, incluso, la activación o enfocado de una hoja de cálculo concreta.

A continuación, se muestra el ejemplo de una macro sencilla que se ejecuta de manera automática cuando el valor de la celda A1 cambia:

```
Private Sub Worksheet_Change(ByVal Target As Range)
    ' Verifica si la celda modificada es A1
    If Target.Address = "$A$1" Then
        ' Instrucciones a ejecutar
        MsgBox "El valor de A1 ha cambiado a: " & Target.Value
    End If
End Sub
```

En este ejemplo, la macro se dispara o ejecuta con el evento de cambio `Worksheet_Change` que, aunque se verá más adelante, indica al Excel que se ejecute cuando se produzca un cambio en cualquier celda de la hoja de cálculo. Sin embargo, gracias al argumento `Target` que recibimos en la llamada del evento, podremos preguntar si es la celda deseada (en este caso A1) mediante el bloque `If` declarado a continuación. Este bloque viene a decir que, cuando la propiedad `Target.Address` sea la celda `A1` ejecute todas las instrucciones que están delimitadas por él.

LA SEGURIDAD Y LAS MACROS

La seguridad en las macros de Excel es un aspecto más que importante debido, fundamentalmente, a que contienen fragmentos o trozos de código ejecutable que pueden utilizarse con fines maliciosos. Por esta razón, las macros de Excel siempre vienen desactivadas, porque, su activación y uso puede representar un riesgo para la seguridad de los datos y/o del sistema.

A continuación, se comentan algunas consideraciones para garantizar la seguridad cuando se trabaja con macros en Excel:

▶ **Advertencia antes de la habilitación de macro**: Excel presenta una configuración de seguridad predeterminada que controla cómo se manejan las macros en los archivos. En general, se puede personalizar en función de nuestras necesidades, no obstante, lo recomendable y más frecuente es dejar que Excel muestre una advertencia antes de habilitar o deshabilitar las macros. De esta manera, tendremos la opción de revisar el código y asegurarnos de que proviene de una fuente confiable antes de ejecutarlo.

▶ **Fuentes confiables**: siempre se debe estar alerta cuando se vaya a abrir un archivo de Excel que contenga macros. Sin embargo, esta precaución debe incrementarse si procede de una fuente desconocida o no confiable. Esto es, nunca se deben abrir archivos que no permitan una verificación previa de su origen y contenido.

▶ **Habilitar las macros estrictamente cuando sea necesario**: dado que las macros pueden ser utilizadas como vectores de ataque, lo recomendable es que sólo se habiliten en momentos puntuales, y deshabilitándolas cuando ya no sean necesarias. Además, con ello, reduciremos el riesgo de que se ejecuten de forma accidental o malintencionada.

▶ **Prevenir antes que curar**: una buena práctica es que, antes de habilitar una macro, revisemos su código. Con ello, no sólo evitaremos la ejecución de instrucciones maliciosas, sino que también podremos evitar acciones inesperadas.

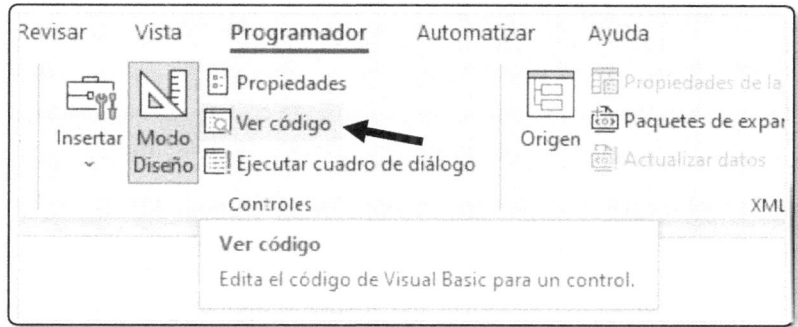

▶ **Firmas digitales**: aunque no es obligatorio, la recomendación es utilizar firmas digitales. Con ello, no sólo podremos verificar la autenticidad y su origen, sino que también podremos chequear la integridad de las macros ya que, al firmarlas digitalmente, podremos garantizar que no ha sido modificada por terceros y que proviene de una fuente confiable. Para ver las firmas digitales debemos ir a la opción `Archivo > Información`

> `Ver Firmas`. Una vez que estemos ahí, deberemos hacer clic en la flecha que apunta hacia `abajo` y seleccionar `Detalles de la Firma`.

▶ **Actualizaciones y parches al día**: cuando se utiliza un software como Excel, es más que recomendable que esté actualizado con la última versión y con todos los parches de seguridad de Microsoft aplicados. Las actualizaciones periódicas ayudarán a abordar las posibles vulnerabilidades y mejorar la seguridad general del sistema.

VISUAL BASIC Y SU EDITOR DE EXCEL

Visual Basic (VB) es un lenguaje de programación de alto nivel desarrollado por Microsoft y que, habitualmente, forma parte del entorno de desarrollo integrado (IDE) llamado Visual Studio. Visual Basic es un lenguaje de programación que se utiliza comúnmente para desarrollar aplicaciones de software en entornos de Windows y para la automatización de tareas en aplicaciones de Microsoft Office, como Excel, Word o Access.

Entre sus principales características podemos encontrar que:

1. **Resulta fácil de aprender**: esto es debido a que Visual Basic utiliza una sintaxis sencilla y basada en lenguaje natural, lo que lo vuelve más "accesible" para todas aquellas personas que se quieren iniciar en la programación.

2. **Está orientado a eventos**: esto viene a decir que las acciones del usuario, como hacer clic en un botón, lanzan o disparan eventos que pueden ser controlados y respondidos mediante código, lo que hace que el desarrollo de interfaces de usuario interactivas sea más intuitivo.

3. **Integración con aplicaciones de Windows y Office**: esto es evidente, puesto que ya lo hemos comentado. Dado que Visual Basic se integra estrechamente con todas las aplicaciones de Windows y Office, podemos aprovechar todas sus capacidades y características para crear programas, macros de Excel, para desarrollar aplicaciones de Windows Forms, etcétera.

4. **Soporte de la comunidad**: como buen lenguaje vivo, Visual Basic cuenta con una amplia comunidad de desarrolladores y documentación disponible en línea, lo que ayuda y facilita el aprendizaje, la resolución de problemas y el acceso a recursos adicionales.

5. **Programación basada en componentes**: Visual Basic permite la programación basada en componentes utilizando el modelo de desarrollo conocido como Component Object Model (COM), lo que nos permite crear componentes reutilizables y utilizarlos en diferentes aplicaciones o sistemas.

En cuanto al Editor de Visual Basic de Excel, podemos decir que es una herramienta integrada que permite crear, editar y administrar código creado en Visual Basic for Applications (VBA).

Para acceder al Editor de Visual Basic desde Excel, bastará con presionar **ALT + F11** o pulsar en el **icono Visual Basic**, situado como primer elemento a la izquierda, dentro de la opción **Programador**.

> ## ⓘ NOTA
>
> Para visualizar la pestaña reservada a Visual Basic y Macros, debemos hacer clic en la pestaña **Archivo** y después pulsar en el botón que indica **Opciones**. A continuación, deberemos seleccionar la categoría **Personalizar cinta de opciones** y, en la zona **Pestañas principales**, pulsar la opción de **Desarrollador**. Tras ello, pulsar en el botón de **Aceptar**.

Aunque en la imagen, la opción de "Programador" aparece en segundo lugar, lo normal es que se muestre a continuación de "Automatizar".

Si queremos ver las macros, podemos hacerlo pulsando en el icono que pone "Macros" de esta pestaña o también desde su icono identifico en la pestaña "Vista".

Si pulsamos en el icono de "Visual Basic" o la combinación ALT + F11 deberíamos poder ver algo como:

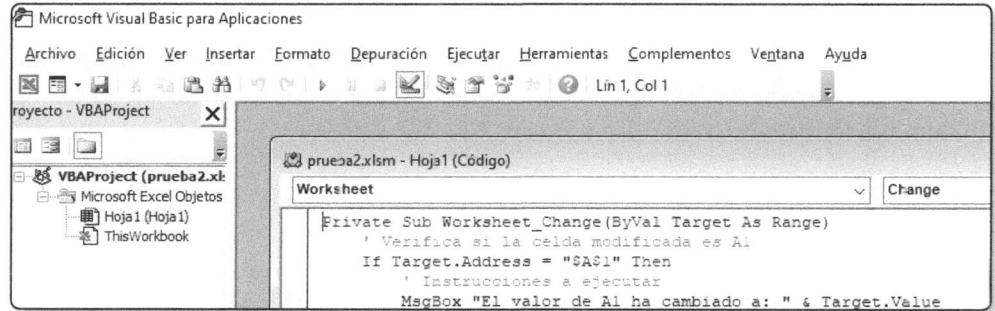

OBJETOS, PROPIEDADES, MÉTODOS Y EVENTOS EN EXCEL

Objetos

Un **objeto** es aquel elemento que representa a una entidad dentro de una aplicación. Esto es, por ejemplo, una hoja de cálculo, una celda, una imagen, un rango, un formulario, etcétera.

Todos los objetos podrán contener otros objetos dentro, no obstante, es frecuente diferenciar este tipo de casos. Mientras que un objeto es una entidad que posee unas determinadas propiedades, métodos y eventos, una colección es un conjunto de objetos que, a su vez, tiene propiedades, métodos y eventos.

Este es el caso del objeto Application, el cual contiene otros objetos como son Workbook, Worksheet, Chart, Range, Column, Row o Cells.

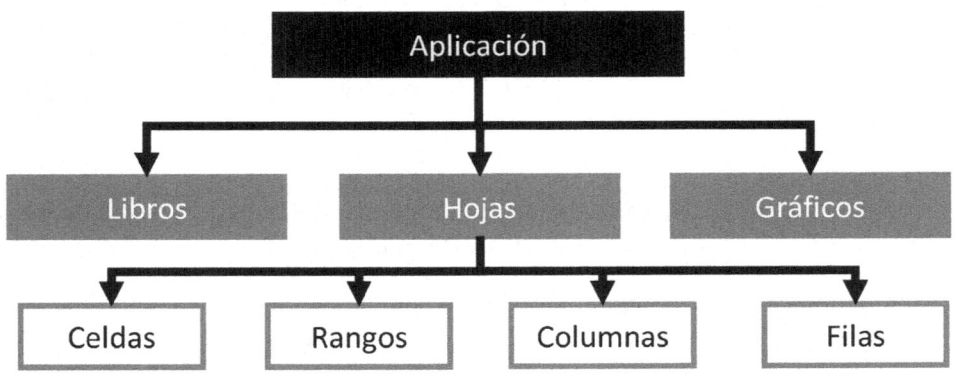

Como uno se podrá imaginar, en Excel existe una jerarquía y, esta jerarquía empieza por el objeto Application. De este objeto dependen, por decirlo así, una multitud de objetos, y cada uno de ellos tiene un propósito. Esto es, Excel posee objetos para manejar los estilos, los nombres definidos para celdillas y rangos, los gráficos, los libros, las hojas de cálculo, los rangos, las ventanas, los complementos y, cómo no, los proyectos de Visual Basic.

Propiedades

Una **propiedad** es una palabra clave que hace referencia a un valor dado y que, por lo general, define una característica determinada. Por ejemplo, si estuviésemos hablando de una persona, sus propiedades podrían ser el color de sus ojos, el color del pelo, su altura, peso, sexo, número de pie, etcétera.

Cuando hablamos de Excel, sus propiedades pueden ser la dirección o el valor de una celda.

```
Range("A1").Value = "Hola"
```

Métodos

Un **método** es una acción que puede hacer o ejecutar un determinado objeto y que, normalmente, no está vinculado directamente a una petición de usuario. Si esta idea la contextualizamos a Excel, este tipo de acciones podrían ser seleccionar una celda o borrar su contenido:

```
Range("A1").Select
Range("A1").Clear
```

Si se desean consultar o ver las propiedades, métodos y eventos de un objeto determinado bastará con escribir el nombre del objeto y presionar la tecla de punto:

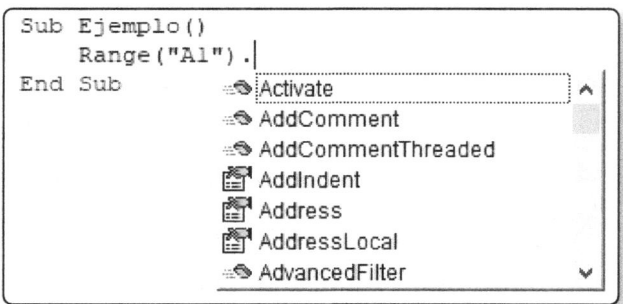

Eventos

Un **evento**, por su parte, es una acción asociada a un determinado suceso que produce, por lo general, el usuario. Los eventos de un objeto, al igual que las propiedades y métodos, podrán variar mucho en función de lo que representan, como ya se verá más adelante, pero, un ejemplo podría ser el evento **Activate**:

```
Worksheet_Activate()
```

CÓMO HABILITAR/DESHABILITAR LAS MACROS EN EXCEL

Cuando se abre un archivo de Excel que contiene macros, lo frecuente es que se nos pregunte si deseamos habilitar o no su contenido:

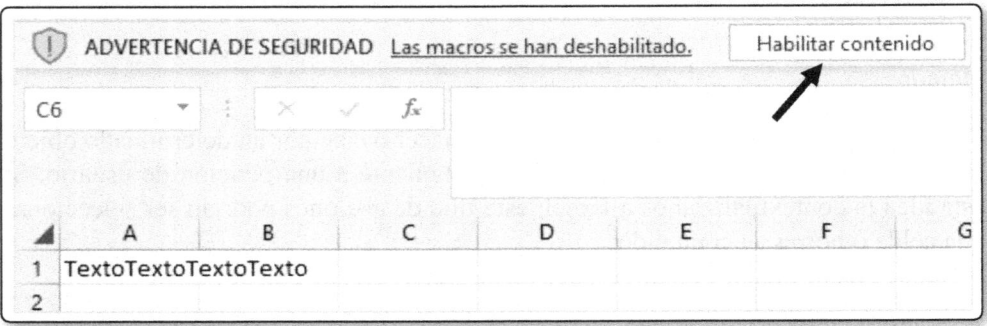

Mientras no pulsemos el botón de `Habilitar contenido`, todas las acciones, eventos y botones que estén asociados a una macro no se ejecutarán. En su lugar, se presentará, o debería presentarse, un mensaje similar al que se muestra a continuación:

Como se ha comentado anteriormente, antes de habilitar las macros será importante comprobar si el archivo es de una fuente confiable y si el contenido ejecutable es seguro.

Para ver si el contenido es seguro sólo podremos hacerlo activando las macros previamente, lo cual puede ser un riesgo puesto que podrían ejecutarse macros sin previo aviso.

No obstante, aunque no podamos ver su contenido y, aunque estén totalmente deshabilitadas, siempre podremos ver las macros definidas pulsando `Alt + F8` o pulsando en el icono `Macros`, situado al final de la pestaña `Vista`, y haciendo clic en `Ver Macros` posteriormente.

Si se está seguro, los pasos a seguir para habilitar las macros serán:

1. Pulsamos en `Archivo / Opciones`.

2. En el diálogo emergente o pantalla que se nos muestra, pulsamos en la opción de `Centro de confianza` y, una vez allí, en Configuración `del Centro de Confianza`.

3. Tras ello, se nos mostrará otro diálogo emergente o pantalla donde podremos configurar todo lo referido al "Centro de Confianza" y haremos clic en el apartado `Configuración de macros` y seleccionaremos, o deberemos seleccionar, la opción que mejor se ajuste a nuestras necesidades.

   En general, nos encontraremos con las siguientes opciones:

Configuración de macros

○ Deshabilitar las macros de VBA sin notificación

⦿ Deshabilitar macros de VBA con notificación

○ Deshabilitar las macros de VBA excepto las firmadas digitalmente

○ Habilitar todas las macros de VBA (no recomendado; se puede ejecutar un código potencialmente peligroso)

---

4. Finalmente, debemos hacer clic en `Aceptar`.

1

INTRODUCCIÓN A VISUAL BASIC FOR APPLICATIONS

1.1 TIPOS DE DATOS EN VBA

Existen múltiples tipos de datos en Visual Basic for Applications, aunque los más comunes suelen ser los tipos String, Boolean, Integer y Double. A continuación, se muestra una tabla con todos los tipos de datos disponibles y una pequeña explicación:

Tipo de Datos	Tamaño en Bytes	Descripción / Posibles valores
Boolean	2	True o False. En conversiones 0 se corresponde con False y todo lo demás en True.
Byte	1	Entre 0 y 255
Integer	2	Entre -32.768 y 32.767
Single	4	Entre -3,4028235E+38 a -1,401298E-45 para valores negativos y, entre 1,401298E-45 a 3,4028235E+38 para valores positivos.
Long	4	Entre -2.147.483.648 y 2.147.483.648

Double	8	Entre -1,79769313486231570E+308 y -4,94065645841246544E-324 para valores negativos y, entre 4,94065645841246544E-324 y 1,79769313486231570E+308 para valores positivos.
Decimal	16	+/-79.22.162.514.264.337.593.543.950.335 sin decimales y,+/-7.9228162514264337593543950335 con decimales.
Date	8	Entre 1 de enero del año 0001 y el 31 de diciembre del año 9999, con horas comprendidas entre las 00:00:00 y las 23:59:59.9999999
Currency	8	Con posibles valores entre -9.223.372.036.854.775.808 y 9.223.372.036.854.775.807
String	N	Entre 0 y 2.000 millones de caracteres.
Object	4	Dirección a cualquier tipo de datos ya sea numérico, `Boolean`, `String`, `Date`, estructura o enumeración.
Variant		Puede contener cualquier tipo de datos exceptuando los de longitud fija, incluyendo los valores especiales `Empty`, `Error`, `Nothing` o `Null`.

1.2 DECLARACIÓN DE VARIABLES

LA declaración de variables en VBA se realiza a través de las palabras reservadas `Dim` y `As`.

```
Dim str As String
Dim numero As Decimal
Dim esVacio As Boolean
Dim fecha As Date
Dim media As Double
Dim edad as Byte
```

1.3 OPERADORES

Existen múltiples tipos de operadores entre los que podemos encontrar de tipo aritmético, lógico, comparación o de concatenación. A continuación, se muestran todos los tipos de operadores principales:

1.3.1 Aritméticos

Operador	Descripción
+	Suma o incremento. Ejemplo: 7 + 2 = 9
-	Resta. Ejemplo: 7 - 2 = 5
*	Multiplicación. Ejemplo: 7 * 2 = 14
/	División decimal. Ejemplo: 7 / 2 = 3,5
\	División entera. Ejemplo: 7 \ 2 = 3
^	Exponenciación o potencia. Ejemplo: 7 ^ 2 = 49
mod	Resto de la división entera. Ejemplo: 7 mod 2 = 1

1.3.2 Concatenación

Operador	Descripción
&	Concatenación o unión de valores de texto con conversión automática, siempre que sea posible. Ejemplo: "Feliz" & " " & "Año" & " " & 2024
+	Concatenación o unión de valores de texto sin conversión automática. Ejemplo: "Feliz" + " " + "Año" + " " + "2024"

En el caso de la concatenación con el símbolo sumar, si no hubiésemos puesto comillas al valor numérico, se habría generado un error de tipos y no se habría llevado a cabo la concatenación.

1.3.3 Comparación

Operador	Descripción
+	Igualdad. `Ejemplo: 7 = 2        ' Falso`
-	Diferencia. `Ejemplo: 7 <> 2       ' Verdadero`
*	Mayor o igual. `Ejemplo: 7 >= 2       ' Verdadero`
/	Menor o igual. `Ejemplo: 7 <= 2       ' Falso`

1.3.4 Lógicos

Operador	Descripción

And	Ambas condiciones o expresiones deben cumplirse o ser verdaderas.
	`' Suponiendo que a = 7 y b = 3:`
	`Ejemplo: a > 7 And b > 2            ' Falso`

Or	Una de las dos condiciones o expresiones debe ser cumplirse o ser verdadera.
	`' Suponiendo que a = 7 y b = 3:`
	`Ejemplo: a > 7 Or b > 2            ' Verdadero`

Not	Niega o contrapone el valor.
	`' Suponiendo que a = True:`
	`Ejemplo: Not a                     ' False`

1.3.5 Operador Like

Permite comparar dos cadenas y averiguar si una cadena empieza, termina o incluye a otra. Para ello se vale o alimenta de patrones, los cuales se describen a continuación:

1.3.5.1 PATRÓN ASTERISCO (*)

Permite ver si una cadena está contenida dentro de otra, está al principio o está al final.

```
Dim str As String
Dim res As Byte

str = "Excel VBA"
If str Like "Ex*" Then
    res = 0              ' La cadena empieza por "Ex"
ElseIf str Like "*Ex" Then
    res = 1              ' La cadena termina por "Ex"
ElseIf str Like "*Ex*" Then
    res = 2              ' La cadena contiene "Ex"
End If

MsgBox res
```

En el ejemplo anterior, utilizamos la estructura `If` para preguntar si se cumple una u otra condición, el cual veremos más adelante. Dicho esto, si ejecutásemos el código podríamos comprobar que la condición que se cumplirá es la primera, por lo que el resultado que se nos mostrará en el cuadro de diálogo será 0.

1.3.5.2 PATRÓN INTERROGACIÓN (?)

Permite ver o comprobar si hay coincidencia exacta con un único carácter.

```
Dim str As String
str = "Excel VBA"
res = 0

If str Like "Excel V?A" Then
    res = 1
End If

MsgBox res
```

Si ejecutásemos el código podríamos comprobar que la condición se cumple, por lo que el resultado que se nos mostrará en el cuadro de diálogo será 1.

1.3.5.3 PATRÓN ALMOHADILLA (#)

Permite ver o comprobar si hay coincidencia exacta con un único dígito.

```
Dim str As String
str = "Excel VBA"
res = 0

If str Like "Excel V?A" Then
    res = 1
End If

MsgBox res
```

Si ejecutásemos el código podríamos comprobar que la condición NO se cumple, por lo que el resultado que se nos mostrará en el cuadro de diálogo será 0.

1.3.5.4 PATRÓN CORCHETES ([])

Permite ver o comprobar si hay coincidencia o no con una lista de caracteres. Si lo que se desea es comprobar si NO están los caracteres de la lista en la cadena, deberemos añadir el símbolo admiración antes de los caracteres.

```
Dim str As String

str = "Excel VBA"
res = 0

If str Like "Excel V[A-Z]A" Then
    res = 1
End If

MsgBox res
```

Si ejecutásemos el código podríamos comprobar que la condición se cumple, por lo que el resultado que se nos mostrará en el cuadro de diálogo será 1.

Ahora, si ejecutásemos el código siguiente podríamos comprobar que la condición NO se cumple, por lo que el resultado que se nos mostrará en el cuadro de diálogo será 0.

```
Dim str As String

str = "Excel VBA"
res = 0
```

```
If str Like "Excel V[!A-Z]A" Then
    res = 1
End If

MsgBox res
```

1.3.5.5 PATRÓN ALMOHADILLA (#)

Permite ver o comprobar si hay coincidencia exacta con un único dígito.

```
Dim str As String

str = "Excel VBA"
res = 0

If str Like "Excel V?A" Then
    res = 1
End If

MsgBox res
```

Si ejecutásemos el código podríamos comprobar que la condición NO se cumple, por lo que el resultado que se nos mostrará en el cuadro de diálogo será 0.

1.3.5.6 PATRÓN CORCHETES CON RANGOS ([-])

Permite ver o comprobar si hay coincidencia con los caracteres del alfabeto o rango indicado. Si indicamos un rango A-Z estaremos diciendo que mire si hay o no coincidencia con las mayúsculas. Si indicamos un rango a-z estaremos diciendo que mire si hay o no coincidencia con las minúsculas. Si indicamos un rango 0-9 estaremos diciendo que mire si hay o no coincidencia con los números.

```
Dim str As String

str = "Excel VBA"
res = 0

If str Like "Excel V[A-Za-z0-9]A" Then
    res = 1
End If

MsgBox res
```

Si ejecutásemos el código podríamos comprobar que la condición se cumple, por lo que el resultado que se nos mostrará en el cuadro de diálogo será 1.

1.4 BUCLES

En lo que a bucles se refiere, VBA dispone de cuatro estructuras o bloques. A continuación, se explican cada uno de ellos:

1.4.1 For Each

Permite recorrer los objetos como si de una colección se tratase, por lo que no se basa en los valores de índice, sino en los nombres de sus propiedades o atributos.

```
Dim sheet As Worksheet

For Each sheet In Worksheets
    MsgBox "La hoja " & sheet & " está a " & sheet.Visble
Next
```

1.4.2 For Next

Permite recorrer los objetos a través de su índice o valores enteros. Para poder usarlo se requieren dos valores. El de inicialización, que se asigna como primer valor a la variable y, el último que se añade a continuación de la palabra reservada To.

```
Dim x As Byte

For x = 0 To 10
    MsgBox x
Next
```

1.4.3 Do While

Permite recorrer los objetos mientras se cumpla la condición. Este tipo de bucle podrá ejecutarse o no en función de si se cumple o no la condición declarada en el bucle.

```
Dim x As Byte

X = 1

Do While x < 10
    MsgBox x
Loop
```

1.4.4 Do Until

Permite recorrer los objetos hasta que se cumpla la condición. Este tipo de bucle podrá ejecutarse o no en función de si se cumple o no la condición declarada en el bucle.

```
Dim x As Byte

X = 1

Do Until >= 10
    MsgBox x
Loop
```

1.5 CONDICIONANTES

En lo que a condicionantes se refiere, VBA dispone de dos estructuras o bloques. A continuación, se explican cada uno de ellos:

1.5.1 If

La palabra reservada If permite ejecutar bloques de instrucciones en función de la condición previa que se declare. En general, suele llevar asociadas consigo las palabras Else y ElseIf, las cuales permiten ejecutar otros bloques en función de otras condiciones o carencia de estas.

También se sirve de la palabra reservada End para finalizar el bloque.

```
Dim num As Integer
Dim res As String

num = Int(1 + Rnd * (1000 - 1 + 1))

If num < 10 Then
    res = "00" & num
ElseIf num < 100 Then
    res = "0" & num
Else
    ' En cualquier otro caso
    res = num
End If

MsgBox res
```

El código anterior presenta una forma de conseguir un valor aleatorio entre dos números. Para ello, recurrimos a los comandos `Rnd` e `Int` y su sintaxis es la siguiente:

```
Int(valor_mínimo + Rnd * (valor_máximo - valor_mínimo + 1))
```

Al final de este código lo que se presenta es el valor aleatorio en un cuadro de diálogo emergente.

1.5.2 Case

La palabra reservada Case permite ejecutar uno de diferentes bloques de instrucciones en función una única expresión declarada. En general, Case suele llevar asociadas consigo las palabras `Select`, `To` y `Else`, las cuales permiten afinar los posibles valores asignables a cada bloque.

También se sirve de las palabras reservadas `End` y `Select` para finalizar el bloque.

```
Dim num As Integer

num = Int(1 + Rnd * (1000 - 1 + 1))

Select Case num
    Case 1, 2, 3, 4, 5, 6, 7, 8, 9 ' Si está entre 1 y 9
        res = "00" & num
    Case 10 To 99                  ' Si está entre 10 y 99
        res = "0" & num
    Case Else                      ' En cualquier otro caso
        res = num
End Select

MsgBox res
```

En el código anterior podemos observar que se hace la misma operación que el caso del comando `If` y cómo declarar un rango de valores mediante el separador coma o la palabra reservada `To`.

1.6 ARRAYS

Un array o matriz no es más que una colección de elementos del mismo tipo. Aunque en ocasiones pueden tener múltiples tipos, en realidad se pueden considerar como un único tipo global. Este tipo, en VBA, bien podría ser el tipo `Variant`.

Dicho esto, para definir un array sólo hay que recurrir a declararlo entre paréntesis, es decir, algo como:

```
Dim miArray(64) As Variant
```

Los valores entre paréntesis nos indica la longitud de la dimensión, lo que en el ejemplo anterior se traduce como una única dimensión. Ahora bien, si queremos crear arrays o matrices de múltiples dimensiones, lo que deberemos hacer es separar la longitud de cada dimensión entre comas. Así, si deseamos definir un array de dos o tres dimensiones únicamente deberemos hacer algo como:

```
Dim miArray(64, 64) As Variant      ' Para un array de 64x64
Dim miArray(64, 64, 64) As variant  ' Para un array de 64x64x64
```

Los argumentos, es decir, los valores de cada dimensión son opcionales, por lo que, si no se especifica ningún argumento, se creará una matriz de longitud cero.

En el siguiente ejemplo se crea una variable de tipo array o matriz de una única dimensión con tres posibles valores y se muestra en pantalla su conversión a cadena mediante el comando `Join`, el cual se alimenta del array como primer argumento y de un carácter o cadena como unificador:

```
Dim A(3) As Variant

A(0) = "a"
A(1) = "b"
A(2) = "c"

MsgBox Join(A, ",")
```

Esto debería mostrar como resultado algo como:

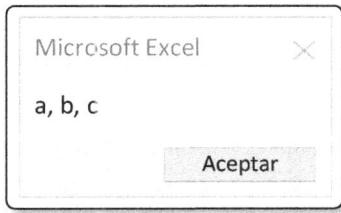

Cabe destacar que, por defecto, los índices de un array se definen a partir de 0 (cero), y no a partir de 1 como pueda suceder en otros lenguajes de programación.

De hecho, si hubiésemos definido los valores desde 1, en vez de 0, el resultado habría sido algo como:

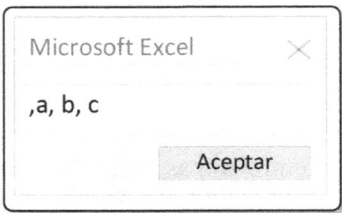

No obstante, también podríamos replicar esta misma funcionalidad a través de la función **Array**, la cual nos permitirá definir una colección de elementos en el momento de crear la estructura. Por ejemplo:

```
Dim A As Variant

A = Array("a", "b", "c")

MsgBox Join(A, ",")
```

1.6.1 IsArray, LBound, UBound y otros comandos

Existen diferentes comandos para trabajar con matrices o arrays:

Comando	Descripción
Array	Permite crear una matriz o array.
Dim	Permite declarar e inicializar un array.
IsArray	Permite verificar si es o no un array.
Join	Permite convertir o unificar los elementos a un formato cadena y separándolos a partir de una subcadena o caracter.
LBound	Permite recuperar el límite inferior del array.
Option Base	Permite cambiar el límite inferior predeterminado. Su posibles valores son 0 y 1.
UBound	Permite recuperar el límite superior del array.
ReDim	Permite reinicializar un array.

Ahora, para tener una mejor visión y, posiblemente, entender mejor estas funciones, lo más adecuado es que hagamos una práctica sencilla. Se trata de crear un array con los valores 1, 2 y 3 y crear otro que nos devuelva la suma en su celda 0 y multiplicación en la celda 1.

```
Option Base 1

Sub calcular()
    Dim numeros() As Variant
    Dim resultados(1 To 2) As Variant
    Dim x As Byte

    ReDim numeros(3) ' Asignamos 3 elementos
    numeros = Array(1, 2, 3)

    If IsArray(numeros) And IsArray(resultados) Then
        resultados(2) = 1
        For x = LBound(numeros) To UBound(numeros)
            resultados(1) = resultados(1) + numeros(x)
            resultados(2) = resultados(2) * numeros(x)
        Next
    End If

    MsgBox Join(resultados, ",")
End Sub
```

Si nos fijamos en el código anterior podemos observar que se establece la opción de `Option Base 1` antes de la definición del procedimiento calcular. Esto es así, y es muy importante, porque `Option Base` debe aparecer en el módulo antes de cualquier procedimiento como primera instrucción y una única vez ya que, de lo contrario, no funcionará y/o generará un error.

También podemos observar que hemos definido el array de resultados con unos índices de `1 To 2`. Esto se podría haber hecho de forma reducida, como ya hemos visto anteriormente, con la forma `Dim resultados (2) As Variant`, y debería funcionar de igual forma.

Y, por último, pero no menos importante, también podemos observar que, primero, se ha declarado la variable `numeros` como un array dinámico y que, unas líneas más abajo, se ha definido como un array de tamaño 3 con el comando `ReDim`.

1.7 CONVERSIONES A OTROS FORMATOS

```
Ejemplo: 7 + 2 = 9
```

1.7.1 Formatos numéricos

Formato	Descripción
Número	Es un valor numérico sin separadores de millar y que puede llevar el separador decimal.
Moneda	Es un valor numérico con separadores de millar y que puede llevar separador decimal.
Fijo	Es un valor con al menos un dígito a la izquierda y dos dígitos a la derecha del separador decimal.
Estándar	Es un valor con separador de millar, con al menos un dígito a la izquierda y dos dígitos a la derecha del separador decimal.
Porcentaje	Es un valor con al menos un dígito a la izquierda y que siempre va con dos dígitos a la derecha del separador decimal.
Científico	Es un valor basado en la notación científica estándar.
Sí/No	Es un valor que se corresponde con No si es 0 y Sí en cualquier otro caso.
Verdadero/Falso	Es un valor que se corresponde con False si es 0 y True en cualquier otro caso.
Activo/Inactivo	Es un valor que se corresponde con Inactivo si es 0 y Activo en cualquier otro caso.

1.7.2 Formatos de tipo fecha

Formato	Descripción
Fecha general	Realiza una correspondencia de un número real a una fecha con o sin hora. Si el valor no tiene parte decimal sólo se mostrará la fecha sin hora, es decir, DD/MM/YYYY. Si no tiene parte entera únicamente mostrará la hora, es decir, HH:MM: SS. El orden de los miembros de la fecha DD, MM, YYYY, HH MM, SS, PM, AM, ... vendrá prestablecida por la configuración del sistema que se esté utilizando.

Fecha larga	Muestra la fecha según el formato largo del sistema.
Fecha media	Muestra la fecha con el formato apropiado para el idioma seleccionado en el sistema.
Fecha corta	Muestra la fecha con el formato abreviada configurado en el sistema.
Hora larga	Muestra la fecha con el formato HH:MM:SS, es decir, de horas, minutos y segundos.
Hora media	Muestra la hora bajo el formato de 12 horas HH:MM que incluye las horas y minutos con el sufijo AM/PM.
Hora corta	Muestra la hora bajo el formato de 24 horas HH:MM que incluye las horas y minutos sin el sufijo AM/PM.

1.7.3 Formatos de tipo cadena

@	Marcador de posición de carácter. Muestra un carácter o un espacio. Si la cadena tiene un carácter en la posición en la que aparece la almohadilla (@) en la cadena de formato, lo muestra; de lo contrario, muestra un espacio en esa posición. Los marcadores de posición se rellenan de derecha a izquierda, a menos que haya un carácter de signo de exclamación (!) en la cadena de formato.
&	Marcador de posición de carácter. Muestra un carácter o nada. Si la cadena tiene un carácter en la posición en la que aparece la y comercial (&), la muestra; en caso contrario, no muestra nada. Los marcadores de posición se rellenan de derecha a izquierda, a menos que haya un carácter de signo de exclamación (!) en la cadena de formato.
<	Fuerza a minúsculas. Muestra todos los caracteres en minúsculas.
>	Fuerza a mayúsculas. Muestra todos los caracteres en mayúsculas.
!	Fuerza el relleno de marcadores de posición de izquierda a derecha. El comportamiento predeterminado es rellenar los marcadores de posición de derecha a izquierda.

1.7.4 Formatos definidos por el usuario

Los formatos definidos por el usuario son muchos y muy diferentes según la situación y/o necesidad. Todos ellos se pueden consultar en la dirección o URL de Microsoft:

https://learn.microsoft.com/es-es/office/vba/language/reference/user-interface-help/format-function-visual-basic-for-applications

1.7.5 Conversión y manipulación de cadenas

Si un array o matriz no es más que una colección de elementos del mismo tipo, una cadena de caracteres bien podría tomarse como un array o matriz de caracteres. Sin embargo, en función de las necesidades se usarán de un modo o de otro.

De hecho, si creamos una variable que contenga un array con las letras B, I, E, N y otra variable que contenga la palabra "BIEN", podríamos ir comparando carácter a carácter ambas variables y comprobando que son iguales y están en la misma posición.

Para esto y otras muchas cosas VBA dispone de múltiples comandos, los cuales se comentan a continuación:

1.7.5.1 CHR

Permite recuperar el carácter asociado a un determinado código. Este código suele ser un valor de 0 a 255, sin embargo, en los sistemas DBCS, el intervalo de valores es de -32768 a 65535.

```
str1 = Chr(65)     ' Returns "A"
str1 = Chr(97)     ' Returns "a"
```

1.7.5.2 FORMAT

Permite dar a una cadena otro formato. Este formato puede ser convertir de mayúsculas a minúsculas, formatear un valor como si fuese una fecha u hora o dar formato a un número dado.

```
Format(1234.5, "##,##0.00")              ' 1,234.50
Format(2, "0.00%")                       ' 200.00%
Format("ABC", "<")                       ' abc
Format("abc", ">")                       ' ABC
Format(#16:02:34#, "hh:mm:ss am/pm")     ' 04:02:34 pm
Format(#Jul 5, 2023#, " dddd, dd/mm/yyyy") ' Miércoles 05/07/2023
Format("Excel VBA", "<")                 ' "excel vba"
```

Cabe destacar que VBA no sólo nos proporciona una forma de convertir valores, también nos prevee de una serie de constantes que podemos usar como si de valores numéricos se tratase. Entre estos están los días de la semana nombrados en inglés con el prefijo "vb" delante. Todas ellas se pueden consultar en la URL *https://learn.microsoft.com/es-es/office/vba/language/reference/user-interface-help/ format-function-visual-basic-for-applications*.

1.7.5.3 LEN

Permite conocer la longitud de una cadena o el número de bytes necesarios para almacenar una variable.

```
Dim num As Integer
size = Len(num)        ' Devuelve 2
size = Len("AbC")      ' Devuelve 3
```

1.7.5.4 LCASE Y UCASE

La función **LCase** permite convertir una cadena a minúsculas mientras que, la función **UCase** permite convertir una cadena a mayúsculas.

```
str1 = LCase("AbC")    ' Devuelve "abc"
str1 = UCase("AbC")    ' Devuelve "ABC"
```

1.7.5.5 LEFT Y RIGHT

La función `Left` permite recuperar una subcadena de otra cadena con una longitud fija empezando por la izquierda. La función `Right` permite recuperar una subcadena de otra cadena con una longitud fija empezando por la derecha.

```
str1 = Left("Excel VBA", 5)    ' Devolverá "Excel"
str1 = Right("Excel VBA", 5)   ' Devolverá "l VBA"
```

1.7.5.6 LSET Y RSET

La función `LSet` permite justificar una cadena a la izquierda mientras que, la función `RSet` permite justificar una cadena a la derecha.

```
LSet str2 = str1   ' Esto hará que "AAA" sea menor que "aaa"
RSet str2 = str1   ' Esto hará que "AAA" sea igual que "aaa"
```

Cabe destacar que esta alineación sólo se produce cuando la cadena a alinear es más corta que su espacio contenedor dentro de la variable, por tanto, si se intenta alinear una cadena que no contiene espacios a los lados no funcionará. Eso sin olvidar que, además, son instrucciones de versiones antiguas de Visual Basic que ya no tienen casi uso.

1.7.5.7 MID

Permite recuperar una subcadena de otra cadena con una longitud fija empezando desde una posición inicial concreta. El último argumento, que define la longitud, es opcional.

```
str1 = Mid("Excel VBA", 7, 3)   ' Devolverá "VBA"
str1 = Mid("Excel VBA", 3)      ' Devolverá "cel VBA"
```

1.7.5.8 OPTION COMPARE

Permite definir el método de comparación predeterminado que se utilizará al comparar valores de tipo string o cadenas.

```
Option Compare Binary    ' Esto hará que "AAA" sea menor que "aaa"
Option Compare Text      ' Esto hará que "AAA" sea igual que "aaa"
```

1.7.5.9 SPACE

Permite construir una cadena de una longitud fija rellena de espacios.

```
str1 = "|" & Space(5) & "|"    ' Devuelve "|     |"
```

1.7.5.10 STR

Permite convertir números en strings o cadenas.

```
str1 = Str(123.45)      ' Devuelve " 123.45"
str1 = Str(-123.45)     ' Devuelve "-123.45"
```

1.7.5.11 STRCOMP

Permite comparar dos cadenas. Devuelve un valor Variant que indica el resultado de la comparación. Su sintaxis incluye 3 argumentos, pero sólo el último es opcional. Este último argumento especifica el tipo de comparación que puede ser binaria, textual o detección automática.

```
StrComp("ABC", "abc", vbTextCompare)
' Devuelve 0, es decir, que es igual
StrComp("ABC", "abc", vbBinaryCompare)
' Devuelve -1, es decir, que es menor
StrComp("ABC", "abc", vbUseCompareOption)
' Devuelve 1, es decir, que es mayor
```

1.7.5.12 SPACE

Permite construir una cadena de una longitud fija rellena de una secuencia fija de caracteres.

```
str1 = String(4, "·")      ' Devuelve "····"
```

1.7.6 Conversiones de tipo

En lo que a conversiones a otros formatos se refiere, VBA dispone de múltiples comandos.

No obstante, cabe destacar que, para que la conversión no produzca un error, el valor proporcionado debe entrar dentro de los límites definidos por el tipo de dato del comando o función conversora. Esto es, si intentamos realizar la conversión del valor 3207 a Byte se producirá un error puesto que el tipo Byte sólo admite valores entre 0 y 255.

A continuación, se explican cada uno de ellos.

```
CBool(4 = 3)        ' Devuelve false
```

Función	Tipo devuelto	Descripción
CBool	Boolean	Convierte a True o False el valor proporcionado. `CBool(4 = 3)          ' Devuelve falso`

CByte	Byte	Convierte a formato byte el valor proporcionado.
		`CByte(25)             ' Devuelve 25`
		`CByte("255")          ' Devuelve 25`
		`CByte(25 & 32)        ' Produce error`

CCur	Currency	Convierte a moneda el valor proporcionado.
		`CCur(25)              ' Devuelve 25`
		`CCur(255 & ".12")     ' Devuelve 25512`
		`CCur(12 & ",345")     ' Devuelve 12,345`

CDate	Date	Convierte a fecha y/o tiempo el valor proporcionado.
		`CDate(#8/13/2023#)        'Devuelve 13/08/2023`
		`CDate(#12/31/2023#)       'Devuelve 31/12/2023`
		`CDate(#Aug 16, 2023#)     'Devuelve 16/08/2023`
		`CDate(#2/29/2023#)        'Produce Error`
		`CDate(#4:59:00#)          'Devuelve 04:59:00`
		`CDate(#5:0:0 PM#)         'Devuelve 17:00:00`
		`CDate(#24:00:00#)         'Produce error`

CDbl	Double	Convierte a Double el valor proporcionado.
		`CDbl(#4:59:00#)       ' Devuelve 0,207638888888889`
		`CDbl(8.2 * 0.001)     ' Devuelve 0,0082`
		`CDbl("1345")          ' Devuelve 1345`

CDec	Decimal	Convierte a decimal el valor proporcionado.
		`CDec(#4:59:00#)       ' Devuelve 0,207638888888889`
		`CDec(8.2 * 0.001)     ' Devuelve 0,0082`
		`CDec("1345")          ' Devuelve 1345`

CInt	Integer	Convierte a Integer el valor proporcionado.
		`CInt(#4:59:00#)          ' Devuelve 0`
		`CInt(8.2 * 0.001)        ' Devuelve 0`
		`CInt("1345")             ' Devuelve 1345`
		`CInt("a")                ' Produce error`

CLng	Long	Convierte a Long el valor proporcionado.
		`CLng(#4:59:00#)          ' Devuelve 0`
		`CLng(8.2 * 0.001)        ' Devuelve 0`
		`CLng("1345")             ' Devuelve 1345`
		`CLng("a")                ' Produce error`

CLngPtr	LongPtr	Convierte a entero de 32 bits un valor de 64 bits.
		`CLngPtr(#4:59:00#)       ' Devuelve 0`
		`CLngPtr(8.2 * 0.001)     ' Devuelve 0`
		`CLngPtr("1345")          ' Devuelve 1345`
		`CLngPtr("a")             ' Produce error`

CSng	Single	Convierte a Single el valor proporcionado.
		`CSng(#4:59:00#)          ' Devuelve`
		`0,2076389`
		`CSng(8.2 * 0.001)        ' Devuelve 0,0082`
		`CSng("1345")             ' Devuelve 1345`
		`CSng(vbTextCompare)      ' Devuelve 1`
		`CSng("a")                ' Produce error`

CStr	String	Convierte a cadena el valor proporcionado.
		`CStr(#4:59:00#)          ' Devuelve`
		`4:59:00`
		`CStr(8.2 * 0.001)        ' Devuelve 0,0082`
		`CStr(123.45)             ' Devuelve 123,45`
		`CStr(vbTextCompare)      ' Devuelve 1`

CVar	Variant	Convierte a Variant el valor proporcionado. Posee el mismo intervalo que Double para valores numéricos Doble y que String para valores no numéricos.
		`CStr(#4:59:00#)          ' Devuelve`
		`4:59:00`
		`CStr(8.2 * 0.001)        ' Devuelve 0,0082`
		`CStr(vbTextCompare)      ' Devuelve 1`
		`CVar(123 & "000")        ' Devuelve 123000`

`Fix`	`Long`	Trunca, es decir, NO redondea, un valor dado. La principal diferencia con `Int` es que devuelve el primer entero negativo <u>mayor</u> o igual que el número dado. `Fix(99.2)` ' Devuelve 99 `Fix(99.8)` ' Devuelve 99 `Fix(-99.2)` ' Devuelve -99 `Fix(-99.8)` ' Devuelve -99
`Int`	`Integer`	Trunca, es decir, redondea, un valor dado. La principal diferencia con `Fix` es que devuelve el primer entero negativo <u>menor</u> o igual que el número dado. `Int(99.2)` ' Devuelve 99 `Int(99.8)` ' Devuelve 99 `Int(-99.2` ' Devuelve -100 `Int(-99.8)` ' Devuelve -100
`Round`	`Integer`	Redondea hacia arriba o hacia abajo en función del valor proporcionado. `Round(99.2)` ' Devuelve 99 `Round(99.8)` ' Devuelve 100 `Round(-99.2)` ' Devuelve -99 `Round(-99.8)` ' Devuelve -100

1.8 RANGOS Y CELDAS

A lo que nosotros denominamos rango, Excel lo llama el objeto **Range**. Este objeto puede representar una celda, una fila, una columna o una agrupación de estos. Por otro lado, Excel nos provee del objeto **Cells**, el cual nos permite acceder a un objeto Range que representa un conjunto de celdas.

Por tanto, podemos decir que tanto **Range** como **Cells** nos permitirán el acceso a una celda o agrupación de ellas. No obstante, existe una pequeña diferencia de uso. Mientras que **Cells** generalmente se utiliza para hacer referencia a una única celda, **Range** se suele utilizar para hacer referencia a una agrupación de éstas.

Por otro lado, también es importante destacar que cuando se trabaja con estos objetos sin declarar ninguna, se tomará por defecto la propiedad **Value**. Esto es:

```
Range("A1") = Range("B1")
Cell(1, 1) = Cells(1, 2)
```

Es equivalente a:

```
Range("A1").Value = Range("B1").Value
Cell(1, 1).Value = Cells(1, 2).Value
```

Por otro lado, los rangos y celdas pueden ser accedidos mediante el nombre de la columna o a través de un **Ofsset**.

```
Range("J1").Offset(4, 2)
Cells("1, "J").Offset(4, 2)
```

Y dentro del contexto de los desplazamientos, también podemos usar las palabras reservadas **xlDown**, **xlUp**, **xlToRight** y **xlToLeft** de forma conjunta con la función **End**, la cual permite desplazarse a una celda específica dentro de la región actual en la que se está trabajando.

```
Range("J1").End(xlDown).Select
```

Pero esto no es todo ya que, tanto **Range**, como **Cells**, nos permite acceder a los objetos de estilo, es decir, a los objetos **Interior** y **Font**, los cuales son los encargados de proporcionar color, tipo de letra, estilo de borde, etcétera.

A continuación, se muestran algunos ejemplos:

```
Range("A1").Interior.Color = xlNone
Cells(1, "A").Font.Color = vbBlack
Range("A1").Font.Bold = False
```

Y también nos permite borrar con el método **Clear**, o asignar fórmulas con la propiedad **Formula**.

```
If ActiveSheet.Range("C1").Formula = "" Then
    ' La llamada a Clear no es necesaria, pero sive como ejemplo
    Range("C1").Clear

    ActiveSheet.Range("C1").Formula = "=A1+B1"
End If
```

1.9 CONTROL DE ERRORES

A continuación, se muestran algunas formas para controlar posibles errores que se puedan dar durante el tiempo de ejecución de nuestras macros:

1.9.1 CVErr

La función **CVErr** devuelve un valor de tipo Variant que representa el error que, previamente, se ha producido.

```
Select Case err
    Case CVErr(xlErrDiv0)
    MsgBox "Error detectado: #DIV/0!"
    Case CVErr(xlErrNA)
    MsgBox "Error detectado: #N/A"
    Case CVErr(xlErrName)
    MsgBox "Error detectado: #NAME?"
    Case CVErr(xlErrNull)
    MsgBox "Error detectado: #NULL!"
    Case CVErr(xlErrNum)
    MsgBox "Error detectado: #NUM!"
    Case CVErr(xlErrRef)
    MsgBox "Error detectado: #REF!"
    Case CVErr(xlErrValue)
    MsgBox "Error detectado: #VALUE!"
    Case Else
    MsgBox "This should never happen!!"
End Select
```

Cabe destacar que, aunque a menudo se usa de manera básica, como se ha mostrado en el código anterior, también se puede usar para crear errores tipificados por el usuario dentro de procedimientos definidos por el usuario.

1.9.2 On Error

La instrucción **On Error** permite definir una rutina de control de errores dentro de un procedimiento, aunque también se puede usar para deshabilitar una rutina de control de errores.

```
Sub Divide(num1, num2)
    On Error GoTo ErrorHandler
```

```
    Dim res As Double

    res = 4 / 0

    MsgBox "Continuamos..."
    Exit Sub

ErrorHandler:
    MsgBox "Se ha producido un error"
    Resume Next
End Sub
```

Para deshabilitar el control de errores en un determinado procedimiento, se debe poner lo siguiente:

```
On Error GoTo 0
```

Cabe destacar que, como se puede ver el ejemplo anterior, la declaración de la instrucción **On Error** debe estar definida como primera declaración dentro del procedimiento.

1.10 MANIPULACIÓN DE COLORES

La manipulación de colores en VBA Excel puede realizarse a través de la función **RGB**, a través de su enumeración **XlRgbColor** o mediante la propiedad **ColorIndex**.

La función **RGB** nos permite asignar un color determinado a través de la intensidad de los colores primarios de la luz. Sin embargo, lo que, en realidad devuelve, es un número entero Long.

```
MsgBox RGB(128, 128, 128)        ' Devuelve 8421504
```

La enumeración **XlRgbColor** nos permite asignar un color determinado a través de un nombre predefinido. Sin embargo, al igual que antes, lo que devuelve es un número entero Long.

```
MsgBox rgbBrown                  ' Devuelve 2763429
```

Todos los nombres de este tipo enumerado están en la URL o dirección web *https://learn.microsoft.com/es-es/office/vba/api/excel.xlrgbcolor*.

Y, por último, la propiedad **ColorIndex** nos permite asignar un color determinado a través de un valor de índice de la paleta de colores activa o mediante una de las siguientes constantes `xlColorIndexAutomatic`, que representa una forma de indicar que el color sea automático y `xlColorIndexNone`, que representa una forma de indicar que no se desea color.

```
MsgBox rgbBrown              ' Devuelve 2763429
```

La tabla de colores se muestra a continuación:

	1		15		29		43
	2		16		30		44
	3		17		31		45
	4		18		32		46
	5		19		33		47
	6		20		34		48
	7		21		35		49
	8		22		36		50
	9		23		37		51
	10		24		38		52
	11		25		39		53
	12		26		40		54
	13		27		41		55
	14		28		42		56

Esta lista de colores también está disponible en la URL o dirección web *https://learn.microsoft.com/es-es/office/vba/api/excel.colorindex.*

2

INTRODUCCIÓN A LAS MACROS

2.1 INTRODUCCIÓN

En este capítulo vamos a ver algunos ejemplos de cómo hacer macros con eventos y operaciones o acciones básicas.

Para ello, nos valdremos de uno o varios botones y el editor de Visual Basic de Excel, en donde definiremos pequeños subprogramas que se denominan funciones o procedimientos, según sea el caso, y que vienen declaradas por las palabras reservadas `Function` y `Sub`.

2.1.1 Sub y Function

La palabra reservada `Sub`, comúnmente define un bloque denominado subrutina o procedimiento y representa un bloque de código que se utiliza para realizar una tarea determinada que NO devuelve ningún valor o resultado. Por ejemplo:

```
Sub CambiaColorTexto(celda As Range)
    Celda.Interior.Color = vbRed
End Sub
```

Por otro lado, la palabra reservada `Function`, comúnmente define un bloque denominado función o procedimiento de función definida por el usuario y representa un bloque de código que ejecuta una tarea determinada que devuelve un valor o resultado.

La principal diferencia entre Sub y Function es que Function se puede usar dentro de las celdas de Excel como si de una fórmula se tratase, justo después del símbolo igual (=). Por ejemplo:

```
Function Suma(a As Long, b As Long) As Long
    Dim total As Long

    total = a + b

    Suma = total
End Function
```

Al definir o declarar esta función dentro de un módulo del Editor de VBA, por ejemplo, Módulo 1, estaremos dando la capacidad a nuestro libro de Excel de poder llamarla en nuestra hoja de cálculo de la siguiente forma:

```
=Suma(A1, A2)
```

Esto es:

	A	B	C	D	E	F
1						
2	Número 1	123				
3	Número 2	456				
4	Suma	=Suma (B2, B3)				
5						

Al hacer esto, lo que debería aparecer en la celda B4 no es el contenido textual de "=Suma (B2, B3)", sino el valor 579.

2.1.2 Eventos

Como ya se ha comentado anteriormente, en Excel existen 3 grandes objetos que contienen la inmensa mayoría de los eventos comunes para ser utilizados en nuestras macros. En concreto, estamos hablando de los objetos Application, Workbook y Worksheet, que se explicarán más adelante.

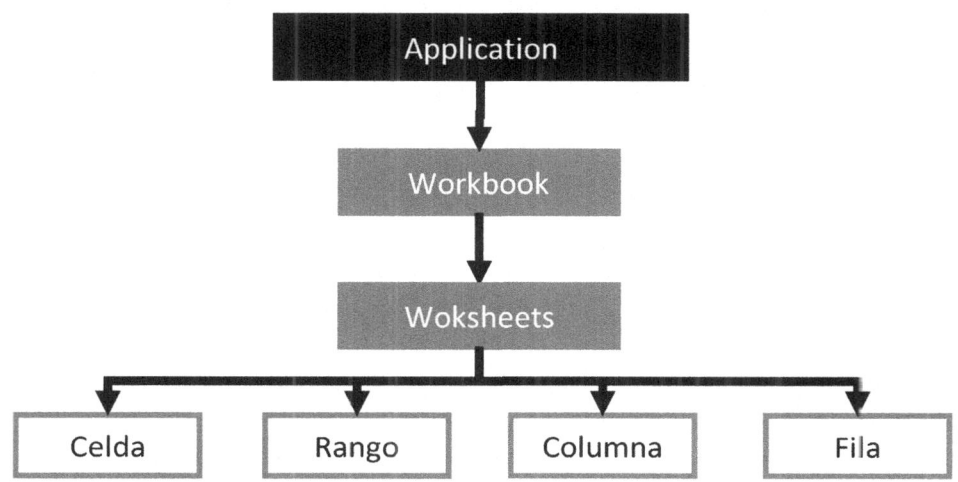

Es importante destacar que, estos objetos, se presentan a modo de jerarquía tal y como se han mencionado, es decir, el primero en la jerarquía es `Application`, después está el objeto `Workbook` y, finalmente el objeto `Worksheet`.

Cada uno de estos objetos contiene los eventos del propio objeto y otros que suelen hacer referencia a objetos que están por debajo del mismo, sin embargo, no suelen llamarse igual. Por ejemplo, el objeto `Workbook` tiene un evento denominado `SheetActivate` que se activa cada vez que se selecciona una hoja de cálculo de un libro de Excel y que se corresponde con el evento `Activate` del objeto `Worksheet`.

No obstante, aunque son similares, no son idénticos. Esto es, aunque hacen o ejecutan la misma acción, su uso o declaración viene definida por una segunda premisa. Mientras que si queremos ejecutar el evento de activación en una hoja de cálculo concreta deberemos usar el evento `Activate` del objeto `Worksheet`, si lo que queremos es que se ejecute para todas, lo mejor será usar o recurrir al evento `Activate` del objeto `Workbook`.

Una posible forma de averiguar los posibles eventos de un objeto dado es recurrir al `Examinador de objetos`, accesible desde la opción `Ver` del menú principal del `Editor de Visual Basic`. Al abrir esta ventana o diálogo, podremos ver paneles, uno a la izquierda, que es donde están listados los objetos o clases disponibles y, otro a la derecha, que es el que nos permitirá ver sus eventos, propiedades y métodos asociados y disponibles para ese objeto o clase.

Por último, sólo destacaremos que los eventos se declaran y localizan dentro del objeto al que pertenezcan. Así, si lo que estamos definiendo es el evento `Activate` de la Hoja1 de un libro de Excel, el evento y/o su macro estará dentro de la opción del objeto en cuestión, como ya veremos más adelante.

2.2 GRABACIÓN DE MACROS

2.2.1 Macro 1: Hola mundo

Se trata de a crear una macro a través de la grabación de acciones automática que trae el Microsoft Excel que inserte el texto "Hola mundo" en la celda A1 y que le aplique un formato de color de fondo negro con color de texto en blanco.

2.2.1.1 INTRODUCCIÓN AL GRABADOR DE MACROS

Antes de empezar a grabar macros es importante tener en cuenta una serie de premisas:

- ▸ Cuando se graba una macro, ésta, sólo se ejecutará en las celdas del rango seleccionado. Por tanto, si posteriormente se añaden más filas al rango, la macro no se aplicará en dichas filas.

- ▸ Si la macro que se va a crear o construir es larga y/o compleja siempre será mejor dividirla en varias macros más sencillas.

- ▸ No sólo las acciones ejecutadas en Excel se graban en una macro. Es decir, una macro de Excel puede almacenar varias operaciones concretas sobre una hoja de cálculo y, como remate final, la apertura del Microsoft Outlook para enviar por correo electrónico el archivo contenedor.

Dicho esto, para grabar una deberemos ir a la pestaña `Programador` y, una vez allí, pulsar en el icono de `Grabar Macro`. Si no se encuentra la pestaña **Programador**, puede que la pestaña se llame `Desarrollador`.

Debería aparecer algo como:

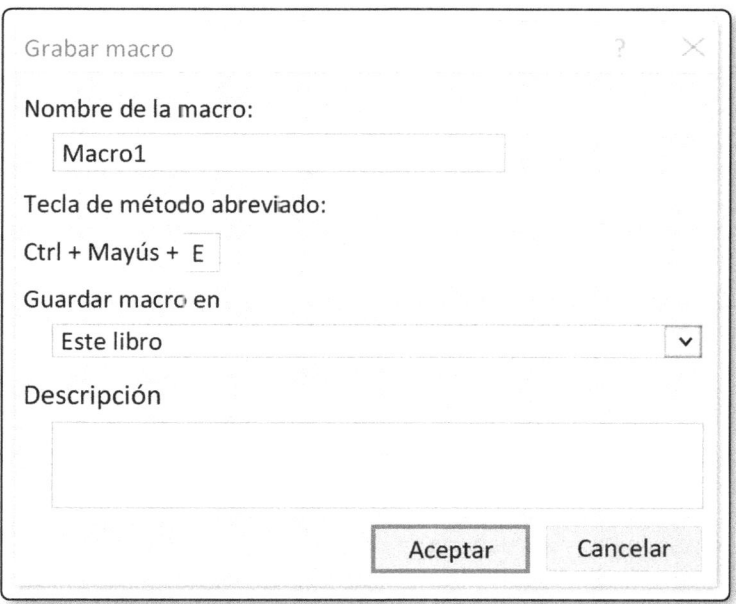

Como se puede apreciar en la imagen anterior, el primer dato que se nos solicita es el `nombre de la macro`. Este valor debe empezar por una letra y sólo admite letras, números y el símbolo de subrayado como posibles caracteres.

Si se desea, como es el caso de la imagen, se puede asignar un **método abreviado**. Para este cometido se puede recurrir a cualquier combinación, no obstante, la recomendación es que se use una tecla con `CTRL + MAYÚS` ya que la combinación de teclas anulará el método abreviado previamente asignado que tenga Excel.

En el desplegable de `Guardar macro en` podemos seleccionar varias opciones, aunque lo frecuente es dejar la opción por defecto, es decir, la opción de `Este libro`.

Ahora bien, es interesante saber qué, si la macro va a usarse en varios libros o archivos de Excel, la mejor opción es elegir `Libro de macros personal`. Con esto conseguiremos que esté disponible para todos los archivos Excel.

El cuadro de `Descripción` es opcional y nos permitirá introducir una descripción breve de lo que hace la macro o su funcionalidad.

Una vez rellenados todos los campos deberemos pulsar en `Aceptar` y, tras ello, ya podremos realizar todas nuestras acciones.

2.2.1.2 SOLUCIÓN

Primero deberemos posicionarnos en la celda A1 de la Hoja1 de nuestro libro de Excel y, en la pestaña `Inicio`, pulsar en el icono de `color de relleno`, que está representado por un bote de pintura en la sección de Fuente. Aquí pulsaremos sobre el color negro y, justo a la derecha, haremos clic en el icono de **color de fuente**, que está representado por una "A" mayúscula.

Posteriormente, escribiremos `Hola mundo` en la celda A1 y nos iremos a la pestaña de Programador. Aquí buscaremos el icono de `Detener grabación`, situado a la derecha del icono de `Macros` y que está a la derecha del icono de `Visual Basic`.

Si queremos ver el código fuente que se ha generado, lo que podemos hacer es ir a la pestaña Programador y pulsar en el icono de `Macros` que está a la derecha del icono de `Visual Basic`.

Al pulsar en `Macros`, debería aparecernos un cuadro de diálogo con todas las macros que tenemos disponibles. En esa lista seleccionamos nuestra macro, la que hemos denominado `Macro1`, y pulsamos el botón de `Modificar`.

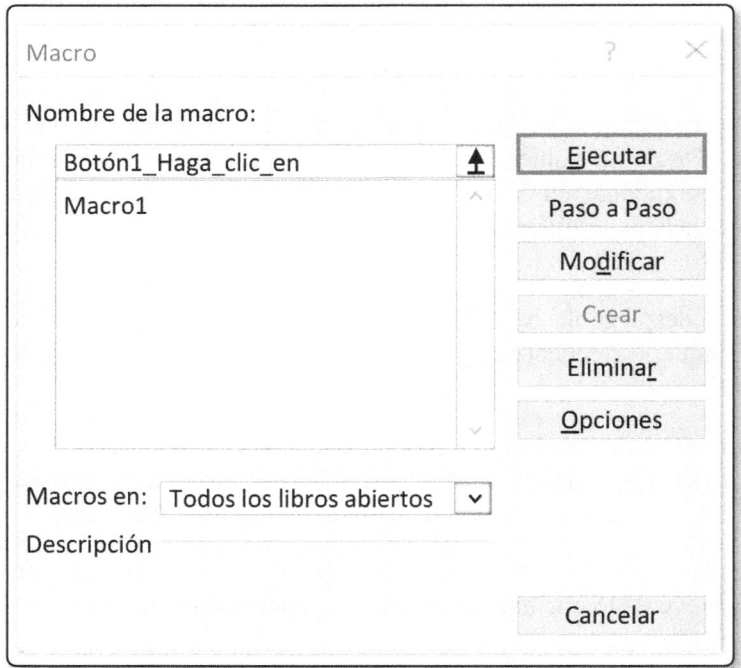

Tras pulsar en el botón de modificar, deberíamos ver algo como:

```
Sub Macro1()
'
' Macro1 Macro
'
' Acceso directo: Ctrl+Mayús+E
'
    Range("A1").Select
    With Selection.Interior
        .Pattern = xlSolid
        .PatternColorIndex = xlAutomatic
        .ThemeColor = xlThemeColorLight1
        .TintAndShade = 0
        .PatternTintAndShade = 0
    End With
    With Selection.Font
        .ThemeColor = xlThemeColorDark1
        .TintAndShade = 0
    End With
    ActiveCell.FormulaR1C1 = "Hola mundo"
    Range("A2").Select
End Sub
```

2.3 CREACIÓN DE MACROS POR CÓDIGO

2.3.1 Macro 2: Hola mundo

Se trata de crear un botón que, al hacer clic sobre él, nos muestre en la celda A1 el texto "Hola mundo".

2.3.1.1 SOLUCIÓN

Antes de nada, y dado que es nuestra primera macro, deberemos comprobar que el documento de Microsoft Excel tiene activada la pestaña de "Programador". Si no es así, activarla como se ha indicado en el capítulo anterior.

Una vez que ya tengamos la opción de "Programador" habilitada, buscaremos y pulsaremos el icono que indica insertar, representado por un maletín con unas herramientas a la derecha.

Tras haber pulsado la opción de "Insertar", deberemos seleccionar y presionar en el control de formulario denominado "Botón":

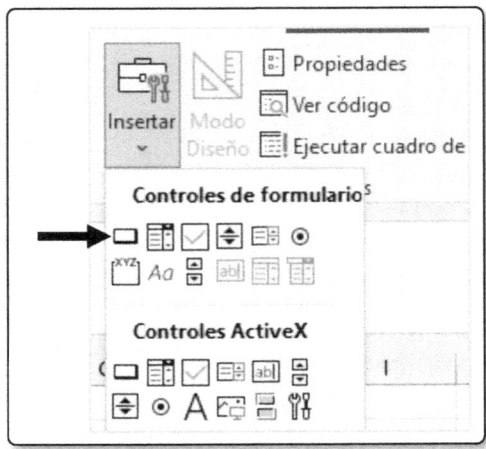

Lo que provocará que se nos muestre una pantalla solicitándonos el nombre de la macro. En este punto se nos asignará un nombre por defecto, por ejemplo, "Boton1_Haga_clic_en", pero podremos ponerle el nombre que deseemos, por ejemplo, "Boton_saludo".

Una vez que hayamos insertado el nombre de nuestra macro, nos aparecerá una pantalla a modo de diálogo emergente que titulada "Microsoft Visual Basic para Aplicaciones - Libro1" o algo similar. Dentro de esta pantalla deberíamos ver un diálogo que indica "Libro1 - Módulo1 (Código)".

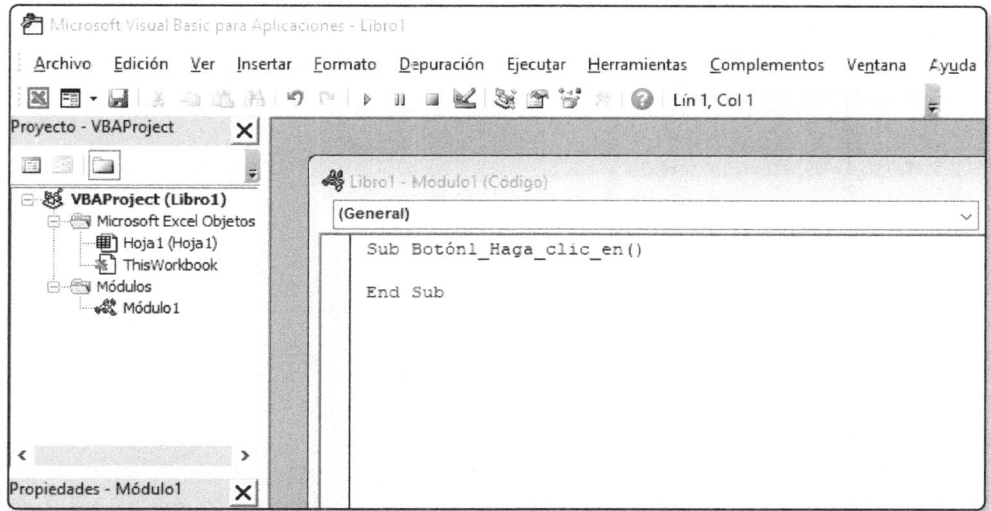

Ahora, dentro del bloque `Sub - End Sub`, lo que deberemos escribir es lo siguiente:

```
Sub Botón1_Haga_clic_en()
    Hoja1.Cells(1, 1) = "Hola amigo!"
End Sub
```

Si ahora cerramos el diálogo "Microsoft Visual Basic para Aplicaciones - Libro1", que es donde hemos escrito nuestra macro, deberíamos ver un nuevo botón en nuestra hoja de cálculo con un nombre `Botón 1`.

Si no nos gusta este nombre siempre podremos editarlo pulsando sobre el botón con el botón derecho de nuestro ratón y seleccionando la opción de `Editar texto`. No obstante, es posible que este proceso de renombrado haga que deje de funcionar la macro.

Si esto pasa, lo único de deberemos hacer es pulsar el botón derecho de nuestro ratón sobre el botón (otra vez) y seleccionar la opción de `Asignar macro`. Una vez que hayamos pulsado en esta opción nos saldrá la macro que creamos antes y, tras seleccionarla, sólo deberemos pulsar en `Aceptar`.

2.3.2 Macro 3: Anidación y suma en celdas separadas

Crear dos macros. Una que añada o concatene la palabra "texto" a la celda B2 y, otra, que sume uno al valor de la celda B3.

El resultado podría ser algo como lo siguiente:

◢	A	B	C	D	E	F
1						
2	Texto	textotextotexto				
3	Suma	5				
4						
5		Añadir texto a A1		Suma 1 a B2		
6						

2.3.2.1 SOLUCIÓN

Para resolver el añadido o concatenado con la celda B3, lo que haremos es crear un botón denominado **Añadir texto** y, después, en la pantalla del Editor de Visual Basic para Aplicaciones, añadir lo siguiente:

```
Sub AnadirTexto()
    Hoja1.Cells(2, 2) = Hoja1.Cells(2, 2) + "texto"
End Sub
```

Y para resolver el incremento de la celda B3, lo que haremos es crear un botón denominado **Suma1** y, después, en la pantalla del Editor de Visual Basic para Aplicaciones, añadir lo siguiente:

```
Sub Suma1()
    Hoja1.Cells(3, 2) = Hoja1.Cells(3, 2) + 1
End Sub
```

2.3.3 Macro 4: Rellenar un ComboBox

Insertar un elemento desplegable o cuadro combinado de ActiveX y rellenarlo cada vez que se active la hoja de Excel donde se encuentre.

Los datos que deberá contener son: Access, Excel, OneNote, PowerPoint y Word.

El resultado debería ser algo similar a lo siguiente:

◢	A	B	C	D	E	F
1		|		⌄		
2		Access				

3						
4						
5						
6						

2.3.3.1 SOLUCIÓN

En primer lugar, lo que necesitamos es insertar un control de Cuadro Combinado o **ComboBox** en nuestra hoja de Excel. Para ello, lo que deberemos hacer es ir a la pestaña de **Programador** y, allí, pulsar en el icono de **Insertar**. Seguidamente, pulsaremos en el icono de **Cuadro combinado (Control ActiveX)**.

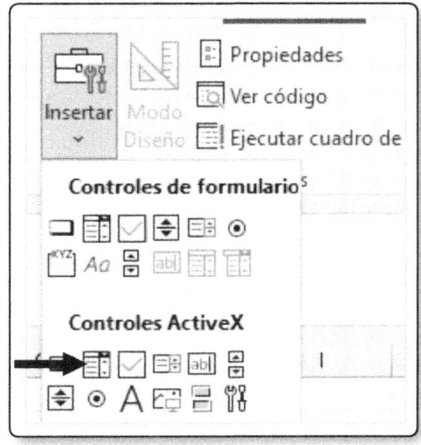

Después, nos iremos al editor de Visual Basic y, allí, insertaremos un código dentro del evento **Activate** del objeto **Worksheet**, el cual representa a todas y cada una de las hojas de un libro de Excel.

Aunque ya se verá más adelante, el objeto **Worksheet** es una pieza o miembro clave de la colección **Worksheets** que, a su vez pertenece al objeto **Workbook**.

Si hemos definido más de una hoja dentro de nuestro libro de Excel, el código que a continuación, se muestra, deberemos colocarlo en la hoja adecuada, es decir, deberemos seleccionar previamente el sitio donde se desea que actúe, en este caso la **Hoja1**, la cual cuelga directamente de **Microsoft Excel Objetos**.

Esto es, en la pantalla de *Microsoft Visual Basic para Aplicaciones*, debajo del menú y barra de botones, situado a la izquierda deberíamos poder ver la ventana de proyecto, que debería mostrar algo como:

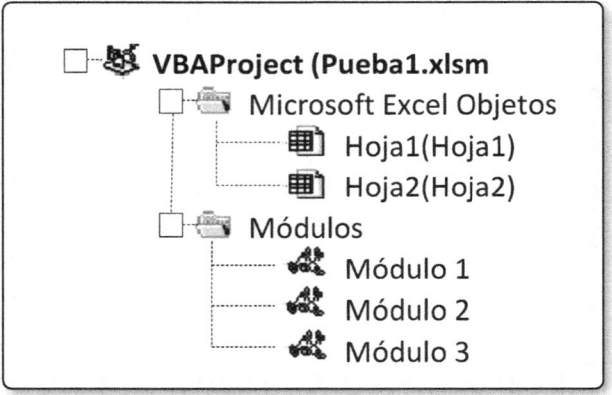

Una vez hayamos seleccionado la página donde está el combo que acabamos de añadir realizando doble clic en el nombre de la hoja (en nuestro caso Hoja1), en el cuadro de diálogo o ventana que se nos abre y pegaremos el siguiente código:

```
Private Sub Worksheet_Activate()
    ' Eliminamos todas las opciones de ComboBox1
    For i = ComboBox1.ListCount - 1 To 0 Step -1
            ComboBox1.RemoveItem i
    Next i

    ' Añadimos las opciones a ComboBox1
    With Me.ComboBox1
        .AddItem "Access"
        .AddItem "Excel"
```

```
        .AddItem "OneNcte"
        .AddItem "PowerPoint"
        .AddItem "Word"
    End With
End Sub
```

2.3.4 Macro 5: Detección de número primo

Ahora que nos hemos iniciado en las macros, vamos a trabajar con procedimientos y funciones. Para ello, recurriremos una macro sencilla que nos solicite un número a través de un diálogo emergente y verifique si es o no primo.

El resultado debería ser algo similar a:

2.3.4.1 SOLUCIÓN

Creo que ya todos sabremos que un número primo es aquel que sólo es divisible por sí mismo y por 1. Por tanto, si es divisible por cualquier otro número que no sea el valor introducido y 1, no será primo.

Para realizar esta comprobación podemos recurrir a varios métodos, aunque el más sencillo posiblemente sea el de ir comprobando si el número introducido es divisible por todos los números, desde 2, hasta la raíz cuadrada del mismo, o sea, nuestro número.

Dado que queremos usar procedimientos y funciones, lo que haremos es un procedimiento que actuará como activador de macro asociándolo a un botón y que será el encargado de solicitar el número, además de mostrar el resultado y, una función que, será la encargada de comprobar si el número introducido es o no primo.

Un posible resultado para este ejercicio podría ser:

```
Sub SolicitarNumero()
    Dim valor As String
    Dim primo As Boolean

    valor = InputBox("Introduzca un número")

    If IsNumeric(valor) = False Then Exit Sub

    If IsPrime(valor) Then
        MsgBox (CStr(valor) + " es un número primo")
    Else
        MsgBox (CStr(valor) + " NO es un número primo")
    End If
End Sub

Function IsPrime(x) As Boolean
    Dim n As Integer

    IsPrime = True
    n = 2
    Do While IsPrime And n <= Sqr(x)
        If (x Mod n = 0) Then
            IsPrime = False
        End If
        n = n + 1
    Loop
End Function
```

3

TRABAJANDO CON EL OBJETO APPLICATION

3.1 INTRODUCCIÓN

El objeto `Application` representa a la aplicación completa de Excel, con sus libros y hojas de cálculo y, por defecto, tiene todos los eventos habilitados. Esto quiere decir, que, aunque no estén definidos o declarados dentro del código de una hoja de cálculo, módulo o macro, siempre estarán disponibles para poder usarlos.

Es importante saber que varias de las propiedades, métodos y eventos no requieren la declaración del objeto `Application` y que, éste, posee una propiedad con el mismo nombre que puede usarse para devolver el objeto `Application`.

Esto nos puede venir bien cuando se crea un objeto en tiempo de ejecución como el siguiente:

```
Set app = CreateObject("Excel.Sheet")
app.Application.Workbooks.Open "EjemplosMacros.xlsm"
```

En el ejemplo anterior conseguimos abrir otro libro de Excel a través de la función `CreateObject`, la cual nos permite crear y devolver la referencia a un objeto ActiveX.

Sin embargo, el objeto `Application` también nos permite acceder y modificar propiedades comunes que podrán ser utilizadas por otros objetos como el estilo de una celda, su color de texto o fondo.

A continuación, se muestra una forma de modificar el estilo de la celda activa seleccionada por el usuario:

```
Application.ActiveCell.Font.Bold = True
Application.ActiveCell.Interior.Color = RGB(0, 160, 64)
```

Aunque también es cierto que muchos de los objetos de VBA se pueden acceder sin pasar por el objeto `Application`. Véase el caso del objeto `ActiveCell`:

```
ActiveCell.Interior.Color = RGB(0, 160, 64)
```

3.2 PROPIEDADES MÁS COMUNES

3.2.1 ActiveWorkbook

La propiedad `ActiveWorkBook` permite recuperar un objeto `Workbook` que representa el libro de la ventana activa. Es equivalente a `ThisWorkBook`.

```
MsgBox Application.ActiveWorkBook.Name
```

Cabe destacar que, es de solo lectura y que si no hay ninguna ventana abierta o si la ventana activa es la de información o la del Portapapeles devolverá `Nothing`.

3.2.2 ActiveCell

La propiedad `ActiveCell` permite recuperar un objeto de tipo `Range` que representa la celda activa de la ventana u hoja de cálculo activa.

```
Application.ActiveCell.Font.Italic = True
```

Cabe destacar que, si la ventana activa no contiene una hoja de cálculo, el acceso a esta propiedad producirá un error.

3.2.3 Caption

La propiedad `Caption` permite devolver o establecer un valor de tipo String que representa el nombre que aparece en la barra de título de la ventana principal de Microsoft Excel. Por defecto, si no se establece esta propiedad, o se establece a valor vacío, es decir, a "" la propiedad devolverá el texto "Excel".

```
Application.Caption = "Aprendiendo VBA y Macros de Excel"
```

3.2.4 CalculateBeforeSave

La propiedad `CalculateBeforeSave` permite hacer que todos los libros se calculen antes de ser guardados en disco. Sin embargo, para que esta funcionalidad se lleve a cabo, la propiedad `Calculation` deberá estar establecida a `xlManual` previamente.

```
Application.Calculation = xlManual
Application.CalculateBeforeSave = True
```

3.2.5 Calculation

La propiedad `Calculation` devuelve o establece el modo de cálculo, es decir, si es automático o es manual y, por defecto está establecido a automático. Así, por ejemplo, se podría hacer una funcionalidad donde se calculasen todos los libros antes de ser guardados:

```
Application.Calculation = xlManual
Application.CalculateBeforeSave = True
```

3.2.6 CheckSpelling

La propiedad `CheckSpelling` permite comprobar la ortografía de una única palabra dentro de una celda. Puede parecer que no es demasiado útil, pero puede ser de gran utilidad cuando se esperan determinados valores dentro de una celda.

Además, para realizar la comprobación, permite seleccionar el diccionario a utilizar y si la comprobación debe ser sensible o no a mayúsculas y minúsculas.

```
Application.CheckSpelling(word:=ActiveCell.Text)
```

3.2.7 CommandBars

La propiedad `CommandBars` funciona también como un objeto que nos permite gestionar todas las barras de comandos integradas y personalizadas disponibles en la aplicación de Microsoft Excel. No obstante, no existe forma alguna de devolver el conjunto de barras de comandos asociado a un libro concreto mediante VBA.

Entre las cosas que nos permite gestionar es si una barra de comandos está visible, si está o no activada, dónde está situada (posición horizontal y vertical) o el tamaño de la misma (ancho y alto).

El siguiente ejemplo nos permite deshabilitar el menú contextual, es decir, el clic derecho del ratón, dentro de una hoja de cálculo.

```
Application.CommandBars("Cell").Enabled = False
```

Sin embargo, como bien indica la página oficial de Learn Microsoft, el siguiente ejemplo nos permite eliminar todas las barras de comandos personalizadas no visibles.

```
For Each bar In Application.CommandBars
    If Not bar.BuiltIn And Not bar.Visible Then bar.Delete
Next
```

3.2.8 Cursor

La propiedad `Cursor` permite devolver o establecer la apariencia del puntero del ratón dentro de la aplicación de Excel. Los posibles valores son `xlDefault`, que es o representa al puntero por defecto, `xlIBeam`, que lo establece con apariencia de I-Beam, `xlNorthwestArrow`, que lo establece con apariencia de flecha noroeste y `xlWait`, que lo establece con apariencia de reloj de arena.

```
Application.Cursor = xlWait
```

3.2.9 DecimalSeparator

La propiedad `DecimalSeparator` permite devolver o establecer el separador decimal que se desea se utilice en la aplicación.

```
Application.DecimalSeparator = "."
Application.UseSystemSeparators = False
Cabe destacar que esta propiedad debe usarse de forma conjunta con la propiedad
UseSystemSeparators establecida a False.
```

3.2.10 Dialogs

La propiedad `Dialogs` permite acceder a todos los cuadros de diálogo que lleva Excel integrados. En general, el cuadro se nombra a través de una variable que lleva el prefijo `xl` y la palabra o palabras en ingles sin espacios y en modo Lower Camel Case.

```
Application.Dialogs(xlCialogOpen).Show
Application.Dialogs(xlCialogSendMail).Show
Application.Dialogs(xlDialogMacroOptions).Show
```

Cabe destacar que cuando la propiedad `DisplayAlerts` se establece a False dentro de una macro, Excel la reestablecerá a True cuando finalice su ejecución, a menos que esté ejecutando un código de proceso cruzado.

3.2.11 DisplayAlerts

La propiedad `DisplayAlerts` permite activar o desactivar la presentación de ciertos mensajes y avisos que se dan durante la ejecución de las macros.

```
Application.DisplayAlerts = False
```

Cabe destacar que cuando la propiedad `DisplayAlerts` se establece a False dentro de una macro, Excel la reestablecerá a True cuando finalice su ejecución, a menos que esté ejecutando un código de proceso cruzado.

3.2.12 EnableEvents

Entre las propiedades más comunes de `Application` quizás haya que hacer una especial mención a `EnableEvents` ya que nos permite controlar la gestión de eventos. Esto puede ser muy interesante cuando se combina con el método `Undo`, el cual permite deshacer el último cambio y que veremos más adelante.

```
Application.EnableEvents = False
Application.Undo
Application.EnableEvents = True
```

3.2.13 GenerateGetPivotData

La propiedad `GenerateGetPivotData` permite conocer si se puede o no obtener datos de un informe de una tabla dinámica.

```
If Application.GenerateGetPivotData = True Then
    MsgBox "GenerateGetPivotData está habilitada"
Else
    Msgbox "GenerateGetPivotData está deshabilitada."
End If
```

3.2.14 ScreenUpdating

La propiedad $ScreenUpdating$ permite activar o desactivar la actualización de pantallas para acelerar la ejecución del código de las macros. Esto implica que no podrá verse lo que hace la macro, pero aseguraremos que se ejecute a la mayor brevedad posible.

```
Application.ScreenUpdating = True
```

Cabe destacar que cuando la propiedad $DisplayAlerts$ se establece a False dentro de una macro, Excel la reestablecerá a True cuando finalice su ejecución, a menos que esté ejecutando un código de proceso cruzado.

3.2.15 ThousandsSeparator

La propiedad $ThousandsSeparator$ permite devolver o establecer el separador de miles que se desea se utilice en la aplicación.

```
Application. ThousandsSeparator = ","
Application.UseSystemSeparators = False
Cabe destacar que esta propiedad debe usarse de forma conjunta con la propiedad
UseSystemSeparators establecida a False.
```

3.2.16 Visible

La propiedad $Visible$ permite activar o desactivar si la aplicación está visible a ojos del usuario, es decir, si debe ocultarse la ventana del libro que contiene la macro o no. Así, por ejemplo, podríamos hacer que un libro de Excel se oculte durante unos segundos para realizar algún tipo de cálculo o actualización.

```
Application.Visible = False
Application.Wait Now + TimeValue("00:00:05")
Application.Visible = True
```

En el ejemplo anterior, lo que hacemos es, simplemente, ocultar la ventana de Excel durante los próximos 5 segundos tras la ejecución de la macro donde se encuentre.

3.2.17 WorksheetFuntion

La propiedad `WorksheetFuntion` permite llamar a las funciones de hoja de cálculo de Excel como si se escribiesen dentro de una celda justo después del símbolo de igualdad (=). No obstante, estos nombres de funciones están en inglés.

```
Dim rango As Range
Dim suma As Long
Set rango = Worksheets("Hoja1").Range("A1:A20")

suma = Application.WorksheetFunction.Sum(rango)
MsgBox suma
```

Cabe destacar que, estos nombres de funciones, están en inglés, por lo que si queremos hacer una suma no deberemos llamar a la función `SUMA`, sino a la función `Sum`.

Si se desean conocer todas las funciones disponibles con sus respectivos nombres en inglés, se puede consultar la página web de Microsoft Learn con mismo nombre: *https://learn.microsoft.com/office/vba/api/excel.worksheetfunction*

3.3 MÉTODOS Y EVENTOS MÁS COMUNES

En lo referente a los eventos del objeto `Application`, aunque dispone de un gran número de ellos, pero todos suelen ser accedidos a partir de los objetos que están por debajo de él en la jerarquía, esto es, aunque se puede trabajar con los eventos de `Application`, lo frecuente es trabajar con los eventos de los objetos `Workbook`, `ActiveWorkBook`, `Workbooks`, `Worksheets`, `ThisWorkbook`, los cuales se verán en capítulos más adelante.

En lo referente a sus métodos, a continuación, se muestran los más comunes:

3.3.1 Calculate

El método `Calculate` permite forzar el recálculo de todos los libros abiertos, aunque, como veremos, también nos permitirá forzar el cálculo de un libro completo, de una hoja de cálculo o de un rango específico.

```
Application.Calculate
```

Esta instrucción no se suele usar mucho por los efectos secundarios que se pueden dar al tener diferentes libros abiertos, sin embargo, puede sernos de gran ayuda en casos determinados.

3.3.2 InputBox

El método `InputBox` permite solicitar al usuario un valor de entrada y lo devuelve para ser recuperado por una variable.

```
Application.InputBox ("Introduzca un número")
```

Aunque este método suele usarse de esta forma, con un único argumento a modo de mensaje o texto contextual, admite muchos más. Todos los demás argumentos son opciones, pero pueden ser de gran ayuda según qué situaciones.

Argumento	Necesario	Descripción
prompt	Sí	Mensaje que se presentará al usuario cuando se muestre el cuadro de diálogo. Puede ser de cualquier tipo, ya que Excel lo convertirá automáticamente en un String antes de mostrarlo en pantalla. No obstante, su longitud máxima es de 255 caracteres y, en caso de exceder este límite se producirá un error.
title	No	Título para el cuadro de diálogo. De omitirse, el título predeterminado será "Entrada".
default	No	Es el valor por defecto y, por defecto, está a vacío. Cabe destacar que también admite como valor la declaración de un objeto Range.
left	No	Posición horizontal en puntos del cuadro de diálogo con respecto a la esquina superior izquierda de la pantalla.
Top	No	Posición vertical en puntos del cuadro de diálogo con respecto a la esquina superior izquierda de la pantalla.
HelpFile	No	Nombre del archivo de Ayuda para este cuadro de entrada. No obstante, sólo aparecerá un botón de Ayuda si, además, el argumento `HelpContextID` está definido.

`helpContextID`	No	Número de identificación de contexto del tema de Ayuda en `HelpFile`.
`type`	No	Indica el tipo de datos que se devolverá. Por defecto, lo que se devolverá es un valor de tipo String o texto. Este valor se indicará a través de un valor entero ya definido. Sus posibles valores son:

Valor	Descripción
0	Una fórmula
1	Un número
2	Texto (una cadena)
4	Un valor lógico (True o False)
8	Una referencia a una celda, como un objeto Range
16	Un valor de error, como por ejemplo #N/A
64	Una matriz de valores

Por ejemplo, si se desea solicitar un rango de celdas podríamos hacer algo como:

```
Set rango = Application.InputBox(prompt := "Celdas", type := 8)
```

3.3.3 Goto

El método `Goto` permite seleccionar cualquier intervalo o procedimiento de Visual Basic de un libro determinado y activarlo si aún no lo está.

Este método presenta dos posibles argumentos:

Argumento	Opcional	Descripción
Reference	Sí	Es el destino y puede ser un objeto de tipo Range o un String.
Scroll	Sí	Permite o no si se podrá desplazar por la ventana de modo que el vértice superior izquierdo del rango aparezca en el vértice superior izquierdo de la ventana. Sólo si está establecido a True el desplazamiento será posible.

Un ejemplo de uso podría ser:

```
Application.Goto Reference:=Worksheets("Hoja1").Range("A1"), _
                         scroll:=True
```

3.3.4 Evaluate

El método Evaluate, de manera similar a la función INDIRECTO, nos permite convertir un contenido textual en una instrucción a ejecutar. Eso sí, este texto no podrá tener más de 255 caracteres de longitud ya que, de ser así, muy probablemente se producirá un error.

```
MsgBox Application.Evaluate("3 + 7")
```

Esta instrucción nos mostrará un mensaje emergente con el valor 10 y se podrá usar de esta forma, o como parte funcional de una hoja de la siguiente manera:

```
Workbook(EjemplosMacros.xlsm").Sheets(1).Evaluate("A1")
```

En este contexto, es importante destacar que la utilización de corchetes seguido de un rango o una celda equivale a ejecutar el método Evaluate con un argumento de cadena. Así, por ejemplo:

```
[A1].Value = "123.45 €"
```

Será equivalente a:

```
Evaluate("A13").Value = "123.45 €"
```

3.3.5 Intersect

El método `Intersect` representa la intersección rectangular de dos o más intervalos pasados como argumentos y nos permite controlar cuando una celda o rango está dentro de otro. Así, por ejemplo, la siguiente instrucción lo que hará será comprobar que la celda A1 está dentro del rango A1:A3:

```
Application.Intersect(Range("$A$1:$A$3"), Range("A1"))
```

El método `Intersect` presenta hasta 30 argumentos, aunque sólo los dos primeros son obligatorios y devolverá `Nothing` si el rango dado como segundo argumento, no está dentro del primero. Es decir, sólo si el rango suministrado por los siguientes argumentos está dentro del rango proporcionado por el primer argumento, el método `Intersect` devolverá un objeto `Range` que se corresponde con la celda o rango en común.

```
If Not Intersect(Range("$A$1:$A$3"), Range("A2")) Is Nothing Then
    MsgBox "La celda está dentro del rango proporcionado"
End If
```

3.3.6 OnKey

El método `OnKey`, nos permite controlar cuando se pulsa una tecla concreta dentro de la aplicación (en este caso de Excel).

Este método presenta dos posibles argumentos:

Argumento	Opcional	Descripción
Key	No	Es un `String` que indica la tecla a controlar.
Procedure	Sí	Es un `String` que indica el nombre del procedimiento que se va a ejecutar cuando se presione la tecla.

Un ejemplo de uso podría ser:

```
' Llamar al procedimiento Saluda cuando se pulse la tecla F1
Application.OnKey "{F1}", "Saluda"

Sub Saluda
    MsgBox "Hola, has pulsado la tecla F1"
End Sub
```

A continuación, se muestran una lista con los códigos de tecla, incluyendo su significado:

Código	Tecla / Significado
{BACKSPACE} o {BS}	Retroceso
{BREAK}	Inter
{CAPSLOCK}	Bloquear mayúsculas (Bloq Mayús)
{CLEAR}	Borrar
{DELETE} o {DEL}	Suprimir
{DOWN}	Flecha hacia abajo
{END}	Fin
{ENTER}	Entrar del teclado numérico
{ ESCAPE} o {ESC}	Escape
{HELP}	Ayuda
{HOME}	Inicio
{INSERT}	Insertar (Ins)
{LEFT}	Flecha hacia la izquierda
{NUMLOCK}	Bloquear teclado numérico (Bloq Num)
{PGDN}	Avanzar página (Av Pág)
{PGUP}	Retroceder página (Re Pág)
{RETURN}	Volver
{RIGHT}	Flecha hacia la derecha
{SCROLLLOCK}	Bloquear desplazamiento (Bloq Despl)
{TAB}	Tabulador (Tab)
{UP}	Flecha hacia arriba
{F1} ... {F15}	F1 ... F15
+ (signo más)	Shift. Puede combinarse con otras
^ (acento circunflejo)	Ctrl. Puede combinarse con otras
% (signo de porcentaje)	Alt. Puede combinarse con otras
~ (virgulilla)	Entrar del teclado no numérico

3.3.7 OnRepeat

El método `OnRepeat` nos puede ejecutar o llamar a un procedimiento después de haber solicitado una acción de rehacer un cambio.

Este método presenta dos argumentos:

Argumento	Opcional	Descripción
Text	No	Es un `String` que indica el texto que aparecerá con el comando repetir.
Procedure	No	Es un `String` que indica el nombre del procedimiento que se ejecutará tras la acción de repetir.

Un ejemplo de uso podría ser:

```
Application. OnRepeat "TXT_mostrado_con_el_comando_rehacer", "rehacer"
```

3.3.8 OnUndo

El método `OnUndo` nos puede ejecutar o llamar a un procedimiento después de haber solicitado una acción de deshacer un cambio.

Este método presenta dos argumentos:

Argumento	Opcional	Descripción
Text	No	Es un `String` que indica el texto que aparecerá con el comando deshacer.
Procedure	No	Es un `String` que indica el nombre del procedimiento que se ejecutará tras la acción de deshacer.

Un ejemplo de uso podría ser:

```
Application. OnRepeat "TXT_mostrado_con_el_comando_deshacer", "deshacer"
```

3.3.9 OnTime

El método `OnTime` nos permite llamar a un procedimiento en un momento dado. Así, por ejemplo, con el método OnTime podríamos ejecutar un método o procedimiento que mostrase un mensaje de alerta a modo de alarma.

Este método presenta cuatro posibles argumentos:

Argumento	Opcional	Descripción
EarliestTime	No	Indica la hora a la que se debe o desea ejecutar el procedimiento descrito a continuación.
Procedure	No	Es un **String** que indica el nombre del procedimiento que se ejecutará a la hora indicada.
LatestTime	Sí	Indica la última hora a la que se puede ejecutar o completar el procedimiento. Normalmente es un valor en segundos.
Schedule	Sí	Es un **Boolean** que indica si se debe programar un nuevo procedimiento. Si se establece a False, se eliminará.

Un ejemplo de uso podría ser:

```
Application.OnTime TimeValue("14:00:00"), "MostrarAlarma"
```

3.3.10 Repeat

El método `Repeat` nos permite repetir o rehacer el último cambio.

```
Application.EnableEvents = False
Application.Repeat
Application.EnableEvents = True
```

Sin embargo, en Excel también es posible ejecutar un método `Repeat` a través del método `sendKeys`.

```
Application.EnableEvents = False
Application.SendKeys "^y"
Application.EnableEvents = True
```

3.3.11 Run

El método Run nos permite ejecutar una macro o llamar a una función dentro de una DLL o XLL.

Este método presenta hasta treinta y un posibles argumentos. El primero es la macro a ejecutar y, los demás, los posibles argumentos que requiere la macro declarada como primer argumento.

Un ejemplo de uso podría ser:

```
Application.Run "C:\Usuarios\Pablo\Escritorio\Funciones.xlsm!Ayuda"
```

En la llamada anterior, lo que se solicita es que se ejecute el procedimiento Ayuda que está en el archivo Funciones.xlsm dentro del escritorio del usuario Pablo.

3.3.12 SendKeys

El método SendKeys nos permite enviar una tecla o combinación de ellas a la ventana activa tal y como si hubieran sido pulsadas por el usuario. Así, por ejemplo, la siguiente instrucción nos permitirá establecer el estilo de negrita en la celda A1 sin tener que pulsar el icono o el atajo de teclado Ctrl + N.

Este método presenta dos posibles argumentos:

Argumento	Opcional	Descripción
Keys	No	Es la tecla o combinación de ellas que se desea enviar o ejecutar dentro de la aplicación.
Wait	Sí	Indica si se debe esperar o no a procesar la petición antes de devolver el control a la macro. Si se establece a False o se omite, no esperará.

Un ejemplo de uso podría ser:

```
' Poner negrita las celdas seleccionadas en negrita
Application.SendKeys "^N"
```

3.3.13 Quit

El método Quit termina la ejecución de la aplicación Excel. Esto significa que no sólo cerrará los libros de trabajo, sino que también cerrará la aplicación. No obstante, si hubiera o hubiese algún libro abierto, Excel nos mostrará un cuadro de diálogo preguntándonos si queremos guardar los cambios, al igual que pasaría si cerrásemos manualmente la aplicación.

```
Application.Quit
```

3.3.14 Union

El método `Union` nos permite construir o unificar rangos más complejos a partir de otros rangos más sencillos y presenta hasta 30 argumentos, aunque sólo los dos primeros son obligatorios.

Un ejemplo de uso podría ser:

```
' Seleccionar las celdas de A1 a A10 y de D1 a D10
Set rango = Application.Union(Range("A1:A10"), Range("D1:D10"))
```

3.3.15 Undo

El método `Undo` nos permite deshacer el último cambio.

```
Application.EnableEvents = False
Application.Undo
Application.EnableEvents = True
```

Sin embargo, en Excel también es posible ejecutar un método `Undo` a través del método `sendKeys`.

```
Application.EnableEvents = False
Application.SendKeys "^z"
Application.EnableEvents = True
```

3.4 EJEMPLOS PRÁCTICOS

3.4.1 Macro 6: Añadir el libro de Excel como correo adjunto

Realizar una macro que nos abra la aplicación de Outlook y adjunte el libro actual en el que estamos trabajando. Además, el correo deberá ser para el usuario ficticio *macros@excel.com* y con el asunto "Macros de Excel: ejemplos".

3.4.1.1 SOLUCIÓN

```
Sub EnviarPorOutlook()
    Application.Dialogs(xlDialogSendMail).Show _
    arg1:=" macros@excel.com", arg2:=" Macros de Excel: Ejemplos"
End Sub
```

3.4.2 Macro 7: Crear una macro con aviso de final de jornada

Realizar una macro que nos muestre un mensaje de final de jornada a las 18:00 horas. Por ejemplo, algo como "La jornada ha finalizado. Feliz tarde".

3.4.2.1 SOLUCIÓN

Esta macro se compone de dos partes, una, donde deberemos realizar la programación de la tarea y, otra, que es donde está definido el mensaje de aviso de final de jornada.

La programación de la tarea es posible realizarla en cualquier evento del objeto **Application**, pero nosotros recurriremos al evento **Open**, que es el que debería ejecutarse cada vez que se abra el libro de Excel que contiene la macro.

Este procedimiento debería declararse en la sección de declaración de macros del objeto **ThisWorbook**, accesible desde el Editor de Visual Basic, dentro de la pestaña de Programador.

```
Private Sub Workbook_Open()
    Application.OnTime TimeValue("20:02:00"), "finalTime"
End Sub
```

Posteriormente, y en el mismo lugar donde se ha definido la programación de la tarea, es decir, en **ThisWorbook**, y su código debería ser algo como:

```
Sub finalTime()
    MsgBox "La jornada ha finalizado. Feliz tarde."
End Sub
```

3.4.3 Macro 8: Pedir la selección de un rango de celdas y mostrar un diálogo con la suma total

Realizar una macro que sume todos los valores numéricos de un rango de celdas solicitado a través de una caja de entrada. Posteriormente, cuando ya se disponga de la suma total, que se muestre el resultado en un cuadro de diálogo.

Cabe destacar que, tanto la caja de entrada, como el cuadro de diálogo deben tener un título declarado. A continuación, se muestra una posible solución:

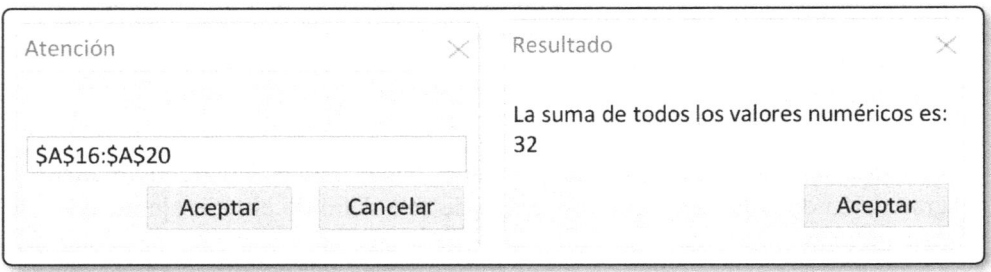

3.4.3.1 SOLUCIÓN

Para hacer esta macro deberemos entrar en la sección de Módulos y colocar el siguiente código en alguno de sus elementos, por ejemplo, Módulo 1:

```
Sub SumarRango()
    Dim aux As Range
    Dim suma As Double
    Dim res As Variant

    Set rango = Application.InputBox( _
            prompt:="Selecciona las celdas a sumar", _
            Title:="Atención", Type:=8)

    For Each aux In rango
        If VarType(aux) > vbInteger And VarType(aux) < vbCurrency Then
            suma = suma + aux
        End If
    Next

    res = MsgBox("La suma de todos los valores numéricos es: " _
            + Chr(13) & suma, vbAccept, "Resultado")
End Sub
```

3.4.4 Macro 9: Cambiar separadores numéricos de la celda activa

Realizar una macro que nos permita establecer que el separador de miles sea espacio y el separador decimal sea el símbolo punto, sólo en la celda activa.

3.4.4.1 SOLUCIÓN

Para hacer esta macro deberemos entrar en la sección de Módulos y colocar el siguiente código en alguno de sus elementos, por ejemplo, Módulo 1:

```
Sub RemoveSeparator()
    ' Restauramos por defecto y aplicamos fórmula a la celda actual
    Application.UseSystemSeparators = True
    Application.ActiveCell.Formula = Application.ActiveCell.Value

    ' Definimos los nuevos separadores para la celda activa
    Application.DecimalSeparator = "."
    Application.ThousandsSeparator = " "
    Application.UseSystemSeparators = False
End Sub
```

3.4.5 Macro 10: Deshacer el último cambio al pulsar la tecla F9

Realizar una macro que deshaga el último cambio que realizó el usuario cuando se pulse la tecla F9.

Este ejemplo, consta de dos partes. La primera requiere que insertemos en la sección de definición de macros del objeto `ThisWorkbook` una llamada al evento `SheetActivate` del objeto `Workbook` y, la segunda, añadir en un módulo, véase por ejemplo `Módulo 1`, el método que debe de ejecutarse tras la pulsación de la tecla F9. Todo esto debería estar disponible desde la ventana de proyecto.

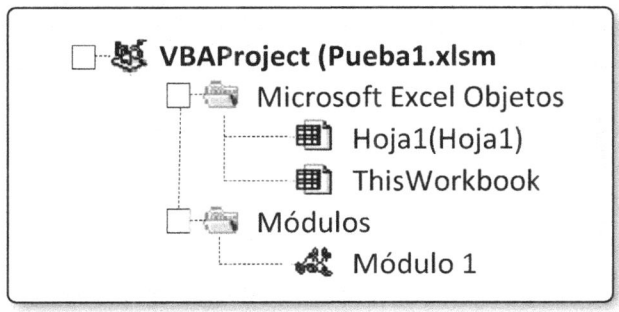

3.4.5.1 SOLUCIÓN

Código dentro de la sección de ThisWorkbook:

```
Private Sub Workbook_SheetActivate(ByVal Sh As Object)
    MsgBox "1a"
    Application.OnKey "{F9}", "Deshacer"
End Sub
```

Código dentro de la sección de Módulo1:

```
Sub Deshacer()
    Application.Undo
End Sub
```

3.4.6 Macro 11: Añadir la hora de última actualización de una celda

Realizar una macro que coloque a la derecha de la columna 5, es decir, en la columna F, la hora de modificación de la celda que tiene a su izquierda. Es decir, algo como:

	A	B	C	D	E	F
1						
2		Nombre	Apellido 1	Apellido 2	Teléfono	Última actualización
3		Elena	Diez	Medina	611.111.116	08/06/2023 21:32
4		José Luis	Martínez	González	611.111.119	08/07/2023 12:45
12						

Al igual que antes, es posible que no dispongamos de todas las instrucciones necesarias, por lo que, esta macro, deberá tomarse a modo de ejemplo.

Para realizarla deberemos apoyarnos en el evento `Change` del objeto de Excel `Worksheet` y para que el cambio interno no cuente como un cambio de usuario, se deberá desactivar todo evento antes de hacer la actualización de la hoja de cálculo. Si se tiene alguna duda de cómo controlarlos.

3.4.6.1 SOLUCIÓN

```
Private Sub Worksheet_Change(ByVal Target As Range)
    If Target.Column = 6 And Target.Value <> "" Then
        Application.EnableEvents = False
        Target.Offset(0, 1) = Format(Now(), "dd/mm/yyyy hh:mm")
        Application.EnableEvents = True
    End If
End Sub
```

3.4.7 Macro 12: Deshabilitar todas las barras de comandos menos la correspondiente a celdas

Realizar una macro que recupere los nombres asignados de todas las barras de comandos de Excel y las deshabilite, a excepción de la barra de celdas, es decir, la barra denominada Cell.

Si la barra de celdas ya estuviese habilitada deberemos mostrar un mensaje de que ya lo está, de lo contrario, indicar que acaba de ser habilitada.

El listado de nombres de las barras de comandos deberá mostrarse en un cuadro de diálogo al final del proceso.

3.4.7.1 SOLUCIÓN

```
Sub ActivarSoloBarraCell()
    Dim bar As CommandBar
    Dim str As String

    For Each bar In Application.CommandBars
        If (InStr(1, bar.Name, "Cell", 1) = 1) Then
            If (Not bar.Enabled) Then
                bar.Enabled = True
                MsgBox "La barra " + bar.Name + " ha sido habilitada"
            Else
                MsgBox "La barra " + bar.Name + " ya estaba habilitada"
            End If
        Else
            bar.Enabled = False
        End If
        str = str + bar.Name + ", "

    Next

    MsgBox str
End Sub
```

Si nos fijamos en el código, quizás lo único que nos llame la atención sea que en el primer bloque `If` se pregunta por el nombre de la barra de comandos. Esto se podría haber hecho mucho más simple preguntando si `bar.Name = "Cell"`, pero se ha puesto con una función `InStr` a modo de ejemplo ilustrativo.

3.4.8 Macro 13: Resaltar las celdas con palabras mal escritas

Aunque Excel presenta un corrector ortográfico que puede ser activado cuando se pulsa la tecla de función F7 o pulsando en el icono de Ortografía, dentro de la pestaña Revisar, vamos a realizar una macro que resalte de manera automática todas y cada una de las celdas que presentan un error ortográfico.

El resaltado debería ser algo bien visible, que destaque, para conseguir que se vea con total claridad y de la forma más rápida posible, Por ello, lo que haremos es rellenarla de color rojo Excel con el texto en negrita y color blanco.

3.4.8.1 SOLUCIÓN

Al igual que ha sucedido con uno de los ejemplos anteriores, necesitaremos dos procedimientos, aunque también es posible hacerlo en uno solo. El primero de ellos deberá estar situado en la sección de macros del objeto `ThisWorkBook` y, el segundo, en la sección de `Módulos`, véase, por ejemplo, Módulo 1. Todo esto debería estar disponible desde la ventana de proyecto.

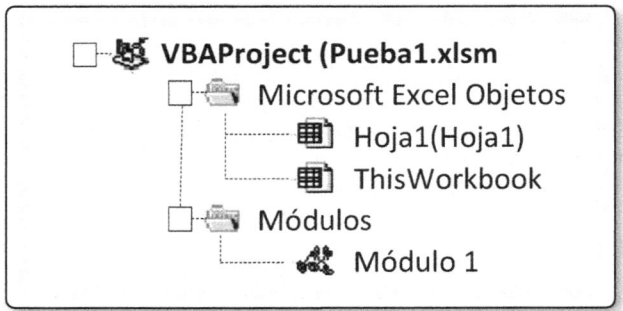

Código dentro de la sección de ThisWorkbook:

```
Private Sub Workbook_SheetChange(ByVal Sh As Object, _
                                ByVal Source As Range)
    ResaltarPalabras Source
End Sub
```

Código dentro de la sección de Módulo1:

```
Sub ResaltarPalabras(ByVal celda As Range)
    If Not Application.CheckSpelling(word:=celda.Text, _
                                    IgnoreUppercase:=True) Then
        celda.Interior.Color = vbRed
        celda.Font.Color = vbWhite
        celda.Font.Bold = True
    Else
        celda.Interior.Color = xlNone
        celda.Font.Color = vbBlack
        celda.Font.Bold = False
    End If
End Sub
```

Si nos fijamos en los códigos anteriores propuestos podremos observar que hemos usado el guion bajo. Este símbolo nos permite escribir una instrucción en varias líneas, pero interpretándose como si fuese una sola. Por lo demás, creo que no tiene demasiado misterio, si exceptuamos el uso de `CheckSpelling`.

3.4.9 Macro 14: Ordenar alfabéticamente las hojas de calculo de un libro

Realizar una macro que, cuando se ejecute, haga que se ordenen todas las hojas de cálculo de nuestro libro a partir de su nombre. La ordenación deberá ser de forma alfabética ascendente.

Dado que, de momento, no disponemos de todos los comandos necesarios, esta macro se deberá tomar como un ejemplo. Para realizarla, nos valdremos de dos bucles `For Next` y un condicionante `If` que preguntará si el nombre es menor. Si es así, lo que haremos es mover la hoja actual a una posición anterior a la actual.

3.4.9.1 SOLUCIÓN

```
Sub OrdenarHojasPorNombreAsc()
    Dim total As Byte, i As Byte, j As Byte

    Application.ScreenUpdating = False

    total = Sheets.Count
    For i = 1 To total - 1
        For j = i + 1 To total
            If Sheets(j).Name < Sheets(i).Name Then
                Sheets(j).Move before:=Sheets(i)
```

```
        End If
    Next j
 Next i

 Application.ScreenUpdating = True
End Sub
```

3.4.10 Macro 15: Borrar todas las hojas de cálculo excepto la activa

Realizar una macro que elimine todas las hojas de cálculo vacías de un libro, exceptuando la activa. Para ello, deberemos recorrer la propiedad `Worksheets` del objeto `ThisWorkbook`, la cual contiene todas las hojas de cálculo del libro actual. Seguidamente, iremos preguntando si los nombres de las hojas son iguales a través de la propiedad `Name` y de los objetos `ActiveSheet` y `ThisWorkbook`.

Para borrar las hojas utilizaremos el método `Delete` del objeto `Worksheet`, pero justo después de desactivar las alertas para que no haya mensajes molestos mientras se eliminan.

3.4.10.1   SOLUCIÓN

```
Sub BorrarTodasLasHojasMenosActiva()
    Dim item As Worksheet

    For Each item In ThisWorkbook.Worksheets
        If item.Name <> ThisWorkbook.ActiveSheet.Name And _
           Application.WorksheetFunction.CountA(item.UsedRange) = 0 Then
            Application.ScreenUpdating= False
            Application.DisplayAlerts = False

            item.Delete

            Application.DisplayAlerts = True
            Application.ScreenUpdating= True
        End If
    Next item
End Sub
```

Si nos fijamos en el código, para saber si la hoja estaba vacía, lo que hemos hecho es recurrir al objeto `WorksheetFunction`, el cual nos permite llamar a las funciones de Excel desde Visual Basic, y la función `CountA`, que nos permite determinar el número de celdas que contienen valor.

4

TRABAJANDO CON EL OBJETO WORKBOOK

4.1 INTRODUCCIÓN

El objeto `Workbook` es miembro de la colección `WorkBooks` y representa a todos los libros de Excel abiertos y, por defecto, tiene todos los eventos habilitados. Esto quiere decir, que, aunque no estén definidos o declarados dentro del código de alguno de los objetos de Microsoft Excel, como `ThisWorkbook` o un módulo, siempre estarán disponibles para poder usarlos.

Cuando trabajamos con libros de Excel, podemos acceder a una propiedad denominada `ThisWorkbook`, la cual nos permite conocer el libro donde se está o se va a ejecutar el código de Visual Basic asociado.

Cabe destacar que, casi siempre, la propiedad `ThisWorkbook` será la misma o hará referencia al libro activo. Sin embargo, si las macros o código de Visual Basic forman parte de un complemento, la propiedad `ThisWorkbook` no devolverá el libro activo, sino el libro que llama o está asignado al complemento.

En lo referente a sus propiedades, métodos y eventos, al igual que el objeto `Application`, posee gran número de ellos. A continuación, se muestran los más comunes.

4.2 PROPIEDADES MÁS COMUNES

Todas las propiedades de este tipo de objetos pueden ser accedidos a partir de un objeto `WorkBook` o a partir del objeto `ThisWorkbook`.

4.2.1 ActiveSheet

La propiedad `ActiveSheet` nos permite recuperar un objeto que representa la hoja de cálculo activa del libro actual. Así, por ejemplo, si deseásemos recuperar el nombre de la hoja activa, podríamos hacer algo como:

```
MsgBox "La hoja activa es: " & ThisWorkbook.ActiveSheet.Name
```

0 también podríamos utilizar esta propiedad sin llamar a su objeto padre `ThisWorkbook`:

```
MsgBox "La hoja activa es: " & ActiveSheet.Name
```

4.2.2 Name

La propiedad `Name` nos permite recuperar un valor de cadena que representa el nombre del libro u objeto.

```
MsgBox ThisWorkbook.Name
```

4.2.3 Names

La propiedad `Names` nos permite añadir y recuperar todos los nombres de un libro especificado, incluyendo nombres de rangos.

```
ActiveWorkbook.Names.Add Name:="r_01", RefersToR1C1:= "=Sheet1!R1C1"
```

4.2.4 Path

La propiedad `Path` nos permite recuperar una String que representa la ruta de acceso completa al libro o archivo donde se está trabajando.

```
MsgBox ActiveWorkbook.Path
```

4.2.5 Password

La propiedad `Password` nos permite recuperar o establecer una contraseña para el libro donde se declara. De estar establecida deberá ser escrita al abrirse el libro.

```
Set book = Application.Workbooks.Open("C:\macrosExcel.xls")
book.Password = "E14x25c36!"
```

Cabe destacar que las contraseñas deben tener al menos 8 caracteres y estar compuestas, al menos, por una mayúscula, una minúscula, un dígito y un carácter especial para considerarse más o menos seguras. No obstante, cuanto más larga sea la contraseña será mejor.

También es importante que la contraseña que establezca no se olvide porque, aunque existen algunos métodos para recuperarla, en general, Microsoft no podrá recuperarla.

4.2.6 Permission

La propiedad `Permission` nos permite recuperar un objeto que representa todos los permisos del libro activo. Así, por ejemplo, si deseásemos recuperar los permisos del libro actual, podríamos hacer algo como:

```
Set permisos = ActiveWorkbook.Permission
```

4.2.7 Save

La propiedad `Save` si se ha realizado o no algún cambio en el libro donde se está trabajando desde la última vez que se guardó.

Si propiedad `Save` indica `True` es que el libro no ha sufrido cambios, pero si su valor es `False`, lo que nos estará indicando es que, al menos, se ha realizado un cambio que no se ha guardado.

```
If Not ThisWorkbook.Saved Then MsgBox "El libro ha sido modificado."
```

4.2.8 Sheets y Worksheets

Las propiedades **Sheets** y **WorkSheets** nos permiten recuperar todas las hojas de cálculo del libro donde se está trabajando. Dado que es objeto que representa una colección de otros objetos podrá ser iterado con cualquiera de las estructuras de tipo bucle.

```
MsgBox ThisWorkbook.Sheets.Count
```

4.2.9 WritePassword

La propiedad **WritePassword** nos permite recuperar o establecer una contraseña de escritura para el libro donde se declara. De estar establecida impedirá que el libro sea escrito si no se introduce antes la contraseña.

```
If Not ActiveWorkbook.WriteReserved Then
    ActiveWorkbook.WritePassword = "E14x25c36!"
End If
```

Cabe destacar que las contraseñas deben tener al menos 8 caracteres y estar compuestas, al menos, por una mayúscula, una minúscula, un dígito y un carácter especial para considerarse más o menos seguras. No obstante, cuanto más larga sea la contraseña será mejor.

También es importante que la contraseña que establezca no se olvide porque, aunque existen algunos métodos para recuperarla, en general, Microsoft no podrá recuperarla.

4.2.10 WriteReserved y WriteReservedBy

Mientras que la propiedad **WriteReserved** nos permite averiguar si un libro está protegido, la propiedad **WriteReservedBy** nos permite averiguar el nombre del usuario que tiene permiso de escritura del libro en ese momento.

```
If Not ActiveWorkbook.WriteReserved Then
    ActiveWorkbook.WritePassword = "E14x25c36!"
Else
    MsgBox "El usuario " & .WriteReservedBy & _
           " tiene bloqueado el libro. Póngase en contacto con él si" _
           " desea hacer cambios"
End If
```

4.3 MÉTODOS Y EVENTOS MÁS COMUNES

4.3.1 Activate

El evento `Workbook_Activate` se ejecuta o produce cuando se muestra el libro, sin embargo, hay que tener en cuenta que no se dispara cuando se crea una nueva ventana ni tampoco cuando se cambia entre ventanas con el mismo libro. En este último caso lo que se dispara es el evento `WindowActivate`.

Este evento no requiere de argumentos.

```
Private Sub WorkBook_Activate()
    ' Acciones o instrucciones
End Sub
```

4.3.2 BeforeClose

El evento `Workbook_BeforeClose` se ejecuta o produce justo antes de que el libro se cierre y antes de pedir al usuario que guarde las modificaciones, si es que se ha producido algún cambio.

Este método presenta un único argumento obligatorio:

Argumento	Opcional	Descripción
`Cancel`	No	Es un valor de tipo `Boolean` que indica si se debe o no finalizar la solicitud del procedimiento. Por tanto, si se establece a `True`, el libro no se cerrará.

Un ejemplo de uso podría ser:

```
Private Sub Workbook_BeforeClose(Cancel As Boolean)
    If ThisWorkbook.Saved = False Then ThisWorkbook.Save
End Sub
```

4.3.3 BeforePrint

El evento `Workbook_BeforePrint` se ejecuta o produce justo antes de que el libro o cualquiera de sus partes se imprima.

Este evento presenta un único argumento obligatorio:

Argumento	Opcional	Descripción
Cancel	No	Es un valor de tipo **Boolean** que indica si se debe o no finalizar la solicitud del procedimiento. Por tanto, si se establece a **True**, el libro no se imprimirá.

Un ejemplo de uso podría ser:

```
Private Sub Workbook_BeforePrint(Cancel As Boolean)
    Application.Calculate
End Sub
```

4.3.4 BeforeSave

El evento `Workbook_BeforeSave` se ejecuta o produce justo antes de que el libro sea guardado.

Este evento presenta dos argumentos obligatorios:

Argumento	Opcional	Descripción
SaveAsUI	No	Es de tipo **Boolean** e indica si se debe mostrar o no el cuadro de diálogo de Guardar.
Cancel	No	Es de tipo **Boolean** y se utiliza para establecer si se debe o no finalizar la solicitud del procedimiento. Por tanto, si se establece a **True**, el libro no se guardará.

Un ejemplo de uso podría ser:

```
Private Sub Workbook_BeforeSave(ByVal SaveAsUI As Boolean, _
                          Cancel as Boolean)
    MsgBox "Atención!!. Se va a proceder a guardar el libro"
End Sub
```

4.3.5 Close

El método `Close` provoca que el libro se cierre.

Este método presenta tres posibles argumentos:

Argumento	Opcional	Descripción
SaveChanges	Sí	Es de tipo `Variant` e indica si se deben guardar o no los cambios.
FileName	Sí	Es de tipo `Variant` e indica el nombre del archivo con el que se desean guardar los cambios.
RouteWorkBook	Sí	Establece si se debe enviar o no al destinatario. Por tanto, si se establece a `False`, el libro no se enviará.

Un ejemplo de uso podría ser:

```
Workbooks("macrosExcel2.xlsm").Close SaveChanges:=True
```

4.3.6 Deactivate

El evento `Workbook_Deactivate` se ejecuta o produce cuando se oculta el libro.

Este evento no requiere de argumentos.

```
Private Sub WorkBook_Deactivate()
    ' Acciones o instrucciones
End Sub
```

4.3.7 NewChart

El evento `NewChart` se ejecuta o produce cuando se crea o inserta un nuevo gráfico en un libro.

Este evento presenta un único argumento obligatorio:

Argumento	Opcional	Descripción
Ch	No	Es de tipo `Chart` y representa el nuevo gráfico que va a ser creado.

Un ejemplo de uso podría ser:

```
Private Sub Workbook_NewChart(ByVal Ch As Chart)
    MsgBox ("Se ha añadido un nuevo gráfico del tipo: " & Ch.ChartType)
End Sub
```

Cabe destacar que, si se insertan, pegan o mueven varios objetos de tipo `Chart` a otro libro u hoja de cálculo, el evento de `NewChart` se disparará para todos y cada uno de ellos. Sin embargo, no se disparará cuando se copia y pega en la misma hoja, se cambie el tipo de gráfico, el origen de sus datos, al deshacer o rehacer una acción de insertar o pegar ni al cargar el libro que lo contiene.

4.3.8 NewSheet

El evento `NewSheet` se ejecuta o produce cuando se crea una nueva hoja de cálculo en un libro.

Este evento presenta un único argumento obligatorio:

Argumento	Opcional	Descripción
Sh	No	Es de tipo `Worksheet` o `Chart` y representa la nueva hoja que va a ser creada.

Un ejemplo de uso podría ser:

```
Private Sub Workbook_NewSheet(ByVal Sh As Object)
    ' La siguiente instrucción mueve la hoja creada al final del todo,
    ' es decir, como último elemento del libro a la derecha
    Sh.Move After:= Sheets(Sheets.Count)
End Sub
```

4.3.9 Open

El evento `Open` se ejecuta o produce cuando se abre un libro.

Este evento no requiere de argumentos.

```
Private Sub Workbook_Open()
    Application.WindowState = xlMaximized        ' Maximizar la aplicación
End Sub
```

4.3.10 Protect

El método `Protect` protege el libro para que no sea posible modificarlo.

Este método presenta tres posibles argumentos:

Argumento	Opcional	Descripción
Password	Sí	Es de tipo `Variant` e indica la contraseña que se utilizará para proteger el libro.
Structure	Sí	Es de tipo `Variant` e indica si se desea proteger también la estructura del libro.
Windows	Sí	Es de tipo `Variant` e indica si se desea que, además, se protejan las ventanas.

Un ejemplo de uso podría ser:

```
ActiveWorkbook.Protect "E14x25c36!", Structure:=True, Windows:=False
```

4.3.11 PivotCaches

El método `PivotCaches` devuelve un array o matriz con todas las memorias caché de tablas dinámicas de un libro especificado.

Con este array, matriz o colección de memorias, ya localizadas, podemos crear, acceder y gestionar todas y cada una de las tablas dinámicas de nuestros libros. Por ejemplo, si deseamos acceder a una tabla dinámica ubicada dentro del libro activo y actualizarla, sólo tendríamos que indicar el índice al que está enlazado o vinculado y llamar al método de `Refresh`:

```
ActiveWorkbook.PivotCaches.Item(1).Refresh
' O tambien
ActiveWorkbook.PivotCaches(1).Refresh
```

Si accedemos a un PivotCache determinado, no sólo podremos hacer algo como refrescarlo en un momento dado, como son los ejemplos anteriores, sino que también podremos hacer muchas más cosas como que se refresque cada vez que se abra el libro con la propiedad `RefreshOnFileOpen`, acceder a la memoria utilizada con la propiedad `MemoryUsed` o crear gráficos o informes de tabla dinámica basados en objetos `PivotCache`.

Ahora, si lo que se desea es crear una tabla dinámica desde una macro o VBA, lo que habrá que hacer es llamar al método `Create` de `PivotCaches`:

```
Set dTable = ActiveWorkbook.PivotCaches.Create( _
        SourceType:=xlDatabase, _
        SourceData:="Tabla1", _
        xlPivotTableVersion12)
```

Como se puede apreciar en el código anterior, para crear una tabla dinámica, se requiere de un argumento obligatorio y dos opcionales El primero de ellos, denominado `SourceType`, es de tipo `XlPivotTableSourceType` y especifica el origen de datos del informe. Los posibles valores de este tipo de datos enumerado son:

Nombre	Valor	Descripción
`xlDatabase`	1	Hace referencia a una lista o base de datos de Microsoft Excel.
`xlExternal`	2	Hace referencia a otros datos de otra aplicación.
`lConsolidation`	3	Hace referencia a uno o varios rangos de consolidación múltiples.
`xlScenario`	4	Hace referencia a datos basados en escenarios, creados a partir del Administrador de escenarios. Este valor no es posible usarlo para la creación de PivotCaches.
`xlPivotTable`	-4148	Hace referencia al mismo origen que otro informe de tabla dinámica. Este valor no es posible usarlo para la creación de PivotCaches.

El segundo, denominado `SourceData`, de tipo `Variant`, que indica los datos de la nueva memoria caché de tabla dinámica.

El argumento `SourceData` suele ser un objeto de tipo Range, siempre y cuando no sea `xlExternal`, pero también puede ser un rango con nombre que se pasa como una cadena.

El tercero, denominado `Version`, de tipo `xlpivottableversionlist`, se utiliza para indicar la versión de Excel con la que será compatible. Su valor por defecto es `xlPivotTableVersion12`, lo que significa que será compatible para Excel 2007 y posteriores.

Los posibles valores de este tipo de datos enumerado son:

Nombre	Valor	Descripción
xlPivotTableVersionCurrent	-1	Sólo para la compatibilidad con versiones anteriores.
xlPivotTableVersion2000	0	Excel 2000
xlPivotTableVersion10	1	Excel 2002
xlPivotTableVersion11	2	Excel 2003
xlPivotTableVersion12	3	Excel 2007
xlPivotTableVersion14	4	Excel 2010
xlPivotTableVersion15	5	Excel 2013

Por último, cabe destacar que, el valor `xlPivotTableVersionCurrent` no es posible usarlo en procesos de creación y que, si se intenta utilizar, el sistema devolverá un error en tiempo de ejecución.

4.3.12 Save

El método `Save` provoca que el libro se guarde.

Este método no requiere de argumentos.

```
ThisWorkbook.Save
```

4.3.13 SaveAs

El método `SaveAs` provoca que el libro se guarde con un nombre diferente o en una ruta distinta.

Este método utiliza múltiples argumentos y todos opcionales, pero el único que presenta un uso masivo es el argumento `FileName` que es de tipo `Variant` y se utiliza para indicar el nombre del archivo con el que se desean guardar los cambios.

Este método presenta doce posibles argumentos, aunque normalmente sólo se recurre a usar los siguientes:

Argumento	Opcional	Descripción
FileName	Sí	Es de tipo `Variant` e indica el nombre del archivo con el que se desean guardar los cambios.
FileFormat	Sí	Es de tipo `Variant` e indica el formato que se desea tenga el nuevo archivo. En la Web de Learn Microsoft, en la página de excel.xlfileformat se pueden consultar todos sus posibles valores.
Password	Sí	Es de tipo `Variant` e indica la contraseña que debe usar para proteger el libro.
WriteResPassword	Sí	Es de tipo `Variant` e indica la contraseña que se utilizará para proteger el libro contra escritura.
ReadOnlyRecommended	Sí	Es de tipo `Variant` e indica si se debe mostrar o no un mensaje que recomienda abrir en modo de solo lectura.
CreateBackup	Sí	Es de tipo `Variant` e indica si se debe crear un nuevo archivo como copia de seguridad.
AccessMode	Sí	Es de tipo `Variant` e indica el modo de acceso al libro. Entre sus posibles valores podemos encontrar, `xlNoChange` para indicar un modo de acceso normal, que es el modo Predeterminado, `xlShared` para acceso en modo de "Lista compartida" y `xlExclusive` para indicar un acceso en "Modo exclusivo".
ConflictResolution	Sí	Es de tipo `Variant` e indica el modo en que deben resolver los conflictos cuando se actualiza un libro compartido. Entre sus posibles valores podemos encontrar el valor `xlUserResolution` mostrar un cuadro de diálogo donde se solicita que la resolución del conflicto la haga el usuario, `xlLocalSessionChanges` para indicar que siempre se acepten los cambios del usuario local y `xlOtherSessionChanges` para indicar que siempre se rechacen los cambios del usuario local.

AddToMru	Sí	Es de tipo $Variant$ e indica si se debe añadir o no el libro a la lista de archivos usados recientemente. Por defecto es $False$.

Un ejemplo de uso podría ser:

```
ActiveWorkbook.SaveAs "C:\Documentos\macros_copia.xlsm"
```

4.3.14 SaveCopyAs

El método $SaveAs$ provoca que el libro se guarde una copia del libro, por lo que no se modificará el libro abierto que se está usando.

Este método presenta un único argumento obligatorio:

Argumento	Opcional	Descripción
FileName	No	Es de tipo $Variant$ e indica el nombre del archivo con el que se desea guardar la copia.

Un ejemplo de uso podría ser:

```
ActiveWorkbook.SaveCopyAs "C:\Documentos\macros_copia.xlsm"
```

4.3.15 SheetActivate

El evento $SheetChange$ nos permite detectar cuando se muestra cualquier hoja de un libro.

Este evento presenta un único argumento obligatorio:

Argumento	Opcional	Descripción
Sh	No	Es de tipo $Variant$ e indica la hoja que fue activada.

Un ejemplo de uso podría ser:

```
Private Sub Workbook_SheetChange(ByVal Sh As Object)
    ' Acciones o instrucciones
End Sub
```

4.3.16 SheetChange

El evento **SheetChange** nos permite detectar cuando una celda de cualquier hoja de cálculo del libro es actualizada, ya sea por el usuario o por un vínculo externo.

Este evento presenta dos argumentos obligatorios:

Argumento	Opcional	Descripción
Sh	No	Es de tipo **Object** e indica la hoja de cálculo donde se ha realizado la modificación.
Target	No	Es de tipo **Range** e indica la celda o rango de ellas que han sido afectadas.

Un ejemplo de uso podría ser:

```
Private Sub Workbook_SheetChange(ByVal Sh As Object, _
                                ByVal Target As Range)
    ' Acciones o instrucciones
End Sub
```

4.3.17 SheetPivotTableUpdate

El evento **SheetPivotTableUpdate** se ejecuta o produce justo después de actualizar la hoja del informe de tabla dinámica.

Este evento presenta dos argumentos obligatorios:

Argumento	Opcional	Descripción
Sh	No	Es de tipo **Object** e indica la hoja de cálculo donde se ha realizado la actualización de la hoja del informe de tabla dinámica.
Target	No	Es de tipo **PivotTable** e indica el informe de tabla dinámica que ha sido actualizado.

Un ejemplo de uso podría ser:

```
Private Sub Workbook_SheetPivotTableUpdate(ByVal shOne As Object, _
                                Target As PivotTable)
    ' Acciones o instrucciones
End Sub
```

4.3.18 SheetSelectionChange

El evento `SheetSelectionChange` se ejecuta o produce cuando la selección de una hoja de cálculo del libro cambia.

Este evento presenta dos argumentos obligatorios:

Argumento	Opcional	Descripción
Sh	No	Es de tipo **Object** e indica la hoja donde se ha realizado la nueva selección.
Target	No	Es de tipo **Range** y representa el rango de celdas seleccionadas.

Un ejemplo de uso podría ser:

```
Private Sub Workbook_SheetSelectionChange(ByVal Sh As Object, _
                                ByVal Target As Excel.Range)
    ' Acciones o instrucciones
End Sub
```

4.3.19 SendMail

El método `SendMail` nos permite enviar un libro usando el sistema de correo que se tenga instalado.

Este método presenta tres posibles argumentos:

Argumento	Opcional	Descripción
Recipients	No	Es de tipo **Variant** y se corresponde con al menos un destinatario a modo de cadena. No obstante, también puede ser un Array de destinatarios.
Subject	Sí	Es de tipo **Variant** e indica el asunto del mensaje.
ReturnReceipt	Sí	Es de tipo **Variant** y se utiliza para solicitar un acuse de recibo y su valor por defecto es **False**.

Un ejemplo de uso podría ser:

```
ActiveWorkbook.SendMail recipients:= Array("pablo@macros.com", _
                                    "pedro@excel.com")
```

4.3.20 Unprotect

El método `Unprotect` elimina la protección de un libro.

Este método presenta un único argumento obligatorio:

Argumento	Opcional	Descripción
Password	No	Es de tipo `Variant` e indica la contraseña que debe usar para desproteger el libro. Si la contraseña no es la correcta, el libro no se desprotegerá.

Un ejemplo de uso podría ser:

```
ActiveWorkbook.Unprotect Password:= "E14x25c36!"
```

4.3.21 WindowResize

El evento `WindowResize` se ejecuta o produce cuando cambia el tamaño de una ventana del libro.

Este evento presenta un único argumento obligatorio:

Argumento	Opcional	Descripción
Wn	No	Es de tipo `Window` y nos indica que la ventana ha cambiado de tamaño.

Un ejemplo de uso podría ser:

```
Private Sub Workbook_WindowResize(ByVal Wn As Excel.Window)
    ' Acciones o instrucciones
End Sub
```

4.4 EJEMPLOS PRÁCTICOS

4.4.1 Macro 16: Abrir un libro de Excel desde otro

Realizar una macro que nos permita elegir un archivo a través del diálogo de apertura de archivos y cargarlo. La selección del archivo debe hacerse a través de un botón de formulario incrustado en una hoja de cálculo.

A continuación, se muestra un posible resultado:

◢	A	B	C	D	E	F	G
1							
2							**Abrir Libro**
3							

4.4.1.1 SOLUCIÓN

Si recordamos las primeras prácticas, como la de "Hola Mundo", lo primero que deberemos hacer es crear un botón en nuestra hoja de cálculo a través de la pestaña **Programador**. Allí, pulsaremos en la opción de **Insertar** y, dentro de sus posibles opciones, la de **Botón (Control de formulario)**.

Una vez que hayamos rellenado el nombre de nuestra macro, en este caso **AbrirXLS**, pulsaremos en el botón Nuevo y se nos mostrará, como siempre, la pantalla de Visual Basic con la declaración de nuestra macro. Justo allí, lo que haremos es insertar o pegar el siguiente código:

```
Sub AbrirXLS()
    Dim archivo As Variant

    archivo = Application.GetOpenFilename( _
                        FileFilter:="Excel Files, *.xl*;*.xm*" _
                    )

    If archivo <> False Then
        Workbooks.Open Filename:=archivo

    End If
End Sub
```

Aquí, lo único nuevo quizás sea que, en vez de utilizar Workbook, usamos Workbooks. Este objeto es el que nos permite, entre otras cosas, abrir el archivo seleccionado a través del cuadro de diálogo.

4.4.2 Macro 17: Guardar el libro de trabajo de forma automática con nombre de usuario

Realizar una macro que nos permita guardar el libro de trabajo de forma automática cuando se realice algún cambio en cualquier celda de cualquier hoja.

El nombre del usuario deberá ser parte del nombre del nuevo archivo de forma que, si el libro se llamase "Libro1", el nuevo archivo debería llamarse algo como "Libro1_[Nombre_de_usuario]", sin corchetes.

4.4.2.1 SOLUCIÓN

```
Private Sub Workbook_SheetChange(ByVal Sh As Object, _
                        ByVal Source As Range)

    ThisWorkbook.SaveCopyAs Filename:=ThisWorkbook.Path & Chr(92) & _
                        Replace(ThisWorkbook.Name, ".xlsm", "") & _
                        "_" & _
                        Replace(Application.UserName, " ", "_") & _
                        ".xlsm"
End Sub
```

4.4.3 Macro 18: Resaltar los rangos con nombre

Realizar una macro que nos permita reconocer a simple vista, con un borde color de fondo todos los rangos a los que se les ha asignado un nombre.

Por si alguien no lo sabe, como dato adicional diremos que a un rango se le puede asignar un nombre cuando seleccionamos un conjunto de celdas y en el desplegable donde aparece la celda seleccionada, arriba a la izquierda debajo del menú principal, se escribe algo.

Cuando ya se han asignado nombres a uno o varios rangos, se pueden consultar los nombres asignados pulsando este desplegable.

4.4.3.1 SOLUCIÓN

```
Private Sub Workbook_SheetActivate(ByVal Sh As Object)
    Dim nombre As Variant
    Dim rango As Range

    On Error Resume Next

    For Each nombre In ActiveWorkbook.Names
        Set rango = nombre.RefersToRange
        rango.Interior.Color = RGB(220, 220, 220)
        rango.Borders.Color = vbBlack
    Next
End Sub
```

4.4.4 Macro 19: Ocultar todas las hojas de cálculo menos la activa

Realizar una macro que nos permita ocultar todas las hojas de cálculo de un libro menos la activa. Para ello, sólo deberemos saber que una hoja de cálculo está oculta cuando su propiedad `Visible` está establecida a `xlSheetHidden` o a `False`.

4.4.4.1 SOLUCIÓN

```
Private Sub Workbook_SheetActivate(ByVal Sh As Object)
    Dim sheet As Worksheet

    For Each sheet In ThisWorkbook.Worksheets
        If sheet.Name <> Sh.Name Then
            sheet.Visible = False
        End If
    Next
End Sub
```

4.4.5 Macro 20: Desocultar todas las hojas de cálculo

Realizar una macro que nos permita desocultar todas las hojas de cálculo de un libro. Para ello, y al igual que antes, sólo deberemos saber que una hoja de cálculo está visible cuando su propiedad `Visible` está establecida a `True` o a `xlSheetVisible`.

No obstante, en esta ocasión no se deberán usar eventos.

4.4.5.1 SOLUCIÓN

```
Sub DesocultarHojas()
    Dim sheet As Worksheet

    For Each sheet In ThisWorkbook.Worksheets
        sheet.Visible = True
    Next
End Sub
```

4.4.6 Macro 21: Convertir a mayúsculas o minúsculas un rango de celdas seleccionado en función de un parámetro

Realizar una macro que nos permita convertir un rango o conjunto de celdas seleccionado por el usuario a mayúsculas o minúsculas. Si el parámetro es "U", deberá convertir a mayúsculas. Por el contrario, si el parámetro es "L", deberá convertir a minúsculas.

Para hacer esta macro se recurrirá al evento **SheetSelectionChange** del objeto **Workbook**, aunque también sería posible realizarlo a través del evento **SelectionChange** del objeto **Worksheet**. Ambos eventos nos permiten recuperar el rango de celdas seleccionado y, el objeto **Selection**, el cual nos sirve para saber si está en la selección.

4.4.6.1 SOLUCIÓN

Si utilizamos el evento **SheetSelectionChange** deberemos insertar en la sección de **ThisWorkbook** lo siguiente:

```
Private Sub WorkBook_SheetSelectionChange(ByVal Sh As Object, _
                                          ByVal Target As Excel.Range)
    convertUpperCase ("U")
End Sub
```

Y en la sección de Módulos, por ejemplo, Módulo 1:

```
Sub convertUpperCase(ByVal tipo As String)
    Dim seleccion As Range

    For Each seleccion In Selection
        If tipo = "U" And _
            Application.WorksheetFunction.IsText(seleccion) Then
            seleccion.Value = UCase(seleccion)
```

```
        ElseIf tipo = "U" And _
              Application.WorksheetFunction.IsText(Rng) Then
            seleccion.Value = LCase(seleccion)
        End If
    Next
End Sub
```

4.4.7 Macro 22: Proteger una hoja de trabajo con contraseña

Realizar una macro que nos permita proteger una hoja de cálculo con contraseña, la cual, deberá ser solicitada a través de un cuadro de diálogo.

4.4.7.1 SOLUCIÓN

```
Sub Proteger(ByVal sheetName As String)
    Dim sh As Worksheet
    Dim pwd As String

    For Each sh In ThisWorkbook.Worksheets
        If sheetName = sh.Name Then
            Set sheet = sh

            Exit For
        End If
    Next sh

    If (IsEmpty(sheet)) Then
        MsgBox "La hoja " + sheet.Name + " no existe"
    End If

    pwd = InputBox("Ingrese una contraseña.", vbOKCancel)

    sheet.Protect Password:=pwd
End Sub
```

Y para llamar a esta función podemos hacerlo así:

```
Proteger ("Hoja1")
```

4.4.8 Macro 23: Desproteger una hoja de trabajo

Realizar una macro que nos permita desproteger la hoja de cálculo con contraseña que protegimos en la anterior práctica.

4.4.8.1 SOLUCIÓN

```
Sub Desproteger(ByVal sheetName As String, ByVal pwd As String)
    Dim sh As Worksheet

    For Each sh In ThisWorkbook.Worksheets
        If sheetName = sh.Name Then
            Set sheet = sh

            Exit For
        End If
    Next sh

    If (IsEmpty(sheet)) Then
        MsgBox "La hoja " + sheet.Name + " no existe"
    End If


    sheet.Unprotect Password:=pwd
End Sub
```

Y para llamar a esta función podemos hacerlo así:

```
Desproteger sheetName:="Hoja1", pwd:="E14x25c36!"
```

4.4.9 Macro 24: Crear una tabla de contenidos

Realizar una macro que cree una hoja nueva en nuestro libro con un índice o tabla de contenidos que liste todas las hojas de cálculo que tiene.

Para darle algo más de creatividad, se le deberá aplicar algo de estilo con fondos, colores y bordes. Algo similar a:

	A	B	C	D	E
1		**Tabla de Contenidos**			
2		Ir a Hoja 1			
3		Ir a Hoja 2			
4		Ir a Gráfico			
5					

4.4.9.1 SOLUCIÓN

```
Sub AñadirTablaContenidos()
    Dim i As Long
    Dim prefijo As String

    ' Eliminamos la tabla de contenidos anterior,
    ' si existe
    On Error Resume Next

    Application.DisplayAlerts = False
    ActiveWorkbook.Worksheets("Tabla de Contenidos").Delete
    Application.DisplayAlerts = True

    ' Desactivamos los errores
    On Error GoTo 0

    ' Añadimos la tabla de contenidos como primera hoja
    ActiveWorkbook.Sheets.Add Before:=ThisWorkbook.Sheets(1)
    ActiveWorkbook.ActiveSheet.Name = "Tabla de Contenidos"

    ' Añadimos todas las hojas del libro a modo de vínculo
    For i = 1 To Sheets.Count
        With ActiveSheet
            prefijo = "Ir a "
            If (i = 1) Then
                prefijo = ""
            End If
            .Hyperlinks.Add _
                Anchor:=ActiveSheet.Cells(i, 2), _
                Address:="", _
                SubAddress:="'" & Sheets(i).Name & "'!A2", _
                ScreenTip:=Sheets(i).Name, _
                TextToDisplay:=prefijo + Sheets(i).Name

            ' Si es la primera celda aplicamos un fondo negro
            ' con color de texto blanco. De lo contrario,
            ' establecemos el color del texto a negro con fondo gris claro,
            ' anulando el color de los enlaces
            If (i = 1) Then
                Cells(i, 2).Interior.Color = vbBlack
                Cells(i, 2).Font.Color = vbWhite
                Cells(i, 2).Font.Bold = True
            Else
                Cells(i, 2).Interior.Color = RGB(235, 235, 235)
                Cells(i, 2).Font.Color = vbBlack
            End If

            ' Aplicamos unos estilos generales
```

```
                Cells(i, 2).Font.Underline = False
                Cells(i, 2).HorizontalAlignment = xlCenter
                Cells(i, 2).VerticalAlignment = xlCenter
                Cells(i, 2).RowHeight = 20
        End With
    Next i

    ' Ajustamos el ancho de la columna
    ActiveSheet.Columns("B").AutoFit

    ' Decoramos las celdas de la tabla de contenidos con un borde negro
    Range("B2:B" & (i - 1)).Borders.Color = RGB(0, 0, 0)
End Sub
```

4.4.10 Macro 25: Crear y actualizar una tabla dinámica en Excel

Realizar una macro que cree una tabla dinámica y la actualice de forma automática. Para ello, antes de nada, deberemos crear una tabla de Excel como la siguiente:

◢	A	B	C	D	E	F	G
1							
2		**Concepto**	**Año**	**Mes**	**Gasto**		
3		Hipoteca	2023	Agosto	900.00 €		
4		Luz	2023	Agosto	68.00 €		
5		Gas	2023	Agosto	0.00 €		
6		Internet	2023	Agosto	75.00 €		
7		Otros Gastos	2023	Agosto	432.00 €		
8		Hipoteca	2023	Julio	900.00 €		
9		Luz	2023	Julio	68.00 €		
10		Gas	2023	Julio	94.00 €		
11		Internet	2023	Julio	75.00 €		
12		Otros Gastos	2023	Julio	356.00 €		
13		Hipoteca	2023	Junio	900.00 €		
14		Luz	2023	Junio	72.00 €		
15		Gas	2023	Junio	0.00 €		
16		Internet	2023	Junio	75.00 €		
17		Otros Gastos	2023	Junio	615.00 €		
18							

Con estos datos, el proceso de creación de la tabla dinámica debería dar o mostrar algo similar a lo siguiente:

Suma de Gasto	Etiquetas ⌄					
Etiquetas de fi ⌄	Gas	Hipoteca	Internet	Luz	Otros Gastos	Total general
2023	94 €	2 700 €	225 €	208 €	1 403 €	4 630 €
Junio	0 €	900 €	75 €	72 €	615 €	1 662 €
Julio	94 €	900 €	75 €	68 €	356 €	1 493 €
Agosto	0 €	900 €	75 €	68 €	432 €	1 475 €
Total general	94 €	2 700 €	225 €	208 €	1 403 €	4 630 €

4.4.10.1 SOLUCIÓN

Una vez que hayamos copiado la tabla de ejemplo, para crear la tabla dinámica deberemos codificar el siguiente procedimiento:

```
Sub CrearTablaDinamica()
    ' Eliminamos la tabla de contenidos anterior,
    ' si existe
    On Error Resume Next

    ' Creamos la tabla dinámica
    Set PCache = ActiveWorkbook.PivotCaches.Create( _
            SourceType:=xlDatabase, SourceData:="$B$2:$E$17")

    ' La celda R3C9 es la referencia R1C1 correspondiente
    ' con la celda I3, que es donde colocaremos la tabla dinámica
    ' y, en este caso, dentro de la Hoja1
    Set TDinamica = PCache.CreatePivotTable( _
            TableDestination:="Hoja1!R3C9", _
            TableName:="Tabla dinámica 1")

    ' Insertamos columnas en nuestra tabla dinámica
    ' Primero agrupamos por año
    With TDinamica.PivotFields("Año")
        .Orientation = xlRowField
        .Position = 1
    End With

    ' Seguidamente por mes
    With TDinamica.PivotFields("Mes")
```

```
        .Orientation = xlRowField
        .Position = 2
    End With

    ' Asignamos como columnas el concepto
    With TDinamica.PivotFields("Concepto")
        .Orientation = xlColumnField
        .Position = 2
    End With

    ' Finalmente añadimos los valores
    With TDinamica.PivotFields("Gasto")
        .Orientation = xlDataField
        .Position = 1
        .Function = xlSum
        .NumberFormat = "#,##0 €"
    End With
End Sub
```

Y, para ejecutarlo, o bien podemos crear un botón que llame a esta macro, o bien lo ejecutamos directamente desde el Editor de Visual Basic situándonos dentro del procedimiento y pulsando en el botón de Ejecutar Sub/UserForm, que tiene forma de icono de "play" y también es ejecutable presionando la tecla F5.

Ahora, para que esta tabla dinámica ya creada se actualice de manera automática, lo que deberemos hacer es irnos a la sección de **ThisWorkbook** y definir el evento **SheetChange**.

```
Private Sub Workbook_SheetChange(ByVal Sh As Object, _
                                 ByVal Source As Range)

    If Not Intersect(Range("$B$2:$E$17"), Source) Is Nothing Then
        ActiveWorkbook.PivotCaches.Item(1).Refresh
    End If
End Sub
```

En la definición del método anterior, lo único importante que hay que hacer es comprobar si la celda que ha cambiado su valor está dentro del rango de la tabla que contiene los datos originales. Esta comprobación se realiza a través del método **Intersect**, el cual nos permite averiguar si la celda que hemos modificado está dentro del rango de la tabla y, así, lanzar la actualización.

5

TRABAJANDO CON EL OBJETO WORKSHEET

5.1 INTRODUCCIÓN

El objeto `Worksheet` es un miembro de la colección `Worksheets`, que es quien da acceso a todos los objetos de este tipo, y representa a todas las hojas de cálculo abiertas.

Por defecto, y al igual que sucede con los objetos `Workbook` y `Application`, tiene todos los eventos habilitados. Esto quiere decir, que, aunque no estén definidos o declarados dentro del código de alguno de los objetos de Microsoft Excel, como una hoja de cálculo o módulo, siempre estarán disponibles para poder usarlos.

Entre las propiedades que presenta el objeto `Worksheet`, una de las más recurrentes quizás sea `Index`, la cual nos permite conseguir una determinada hoja de cálculo a través de un valor numérico, que empieza por 1 o mediante un nombre.

```
' Acceder a la primera hoja de cálculo del libro (más a la izquierda)
Worksheets(1)
' Acceder a la últims hoja de cálculo del libro (más a la derecha)
Worksheets(Worksheets.Count)
```

Sin embargo, si la hoja de cálculo a la que se desea acceder es la hoja activa, también podremos recurrir a la propiedad `ActiveSheet`. Esto significa que, sea cual sea el índice o nombre que tenga, con esta propiedad podremos acceder a ella y realizar la operación deseada.

```
Worksheets(2).Activate
ActiveSheet.PageSetup.Orientation = xlPortrait
ActiveSheet.PrintOut From:=2, To:=10
```

Dicho esto, a continuación, se muestran las propiedades, métodos y eventos más comunes asociados al objeto `Worksheet`:

5.2 PROPIEDADES MÁS COMUNES

5.2.1 Application

La propiedad `Application` nos permite conocer el tipo de objeto al que pertenece el objeto, en este caso, normalmente Microsoft Excel.

```
' Esto mostrará un mensaje emergente con valor "Microsoft Excel"
MsgBox ActiveWorksheet.Application.Value
```

5.2.2 Cells

La propiedad `Cells` nos permite recuperar un objeto de tipo `Range` que representa a todas las celdas de la hoja de cálculo, incluidas las que no estén en uso.

```
Worksheets("Hoja1").Cells(1, 1).Font.Color = vbRed
```

5.2.3 CodeName

La propiedad `CodeName` nos permite recuperar el código de nombre de una hoja de cálculo determinada. Aunque este valor suele ser el mismo que el que posee la propiedad `Name`, en muchos casos no es así. La razón de por qué esto puede suceder es porque, mientras que `Name` representa un valor que es visible, `CodeName` representa un valor que NO lo es.

```
MsgBox Worksheets(2).CodeName
```

5.2.4 Columns

La propiedad `Columns` nos permite recuperar todas las columnas de una hoja de cálculo especificada.

```
Worksheets(2).Columns(1).Interior.Color = vbWhite
```

5.2.5 Comments

La propiedad `Comments` nos permite recuperar todos los comentarios de tipo nota de la hoja de cálculo especificada.

Al ser de tipo nota este objeto no recupera los comentarios que se añaden en las hojas de cálculo con la opción de "Añadir comentario", que permite crear un hilo de comentarios entre usuarios, sino que recupera los comentarios que se han añadido con la opción "Añadir nota".

```
Dim comentario As Variant

For Each comentario In Sh.Comments
    MsgBox comentario.Author & Chr(13) & Chr(13) & comentario.Text
Next
```

Para añadir comentarios a través de VBA, lo que debemos hacer es recurrir al método `AddComment`.

```
With Sh.Range("g5").AddComment
    .Visible = False
    .Text "Prueba de comentario. Fecha: " & Date
End With
```

Si, por el contrario, deseamos eliminar un comentario, lo que deberemos hacer es recurrir al método `Delete`.

```
Worksheets("Hoja2").Range("G5").Comment.Delete
```

5.2.6 CommentsThreaded

La propiedad `CommentsThreaded` nos permite recuperar todos los comentarios de la hoja de cálculo especificada y que no sean de tipo nota.

Al no ser de tipo nota este objeto no recupera los comentarios que se añaden en las hojas de cálculo con la opción de "Añadir Nota", sino que sólo recupera los comentarios que se han añadido con la opción "Añadir Comentario" y que son los que nos permiten crear un hilo de comentarios entre usuarios.

```
For Each comentario In ActiveSheet.CommentsThreaded
    MsgBox comentario.Author.Name & Chr(13) & Chr(13) & comentario.Text
Next
```

Para añadir comentarios a través de VBA, lo que debemos hacer es recurrir al método **Text**.

```
Worksheets(2).CommentsThreaded(1).Text "Comentario de prueba " & Date
```

Si, por el contrario, deseamos eliminar un comentario, lo que deberemos hacer es recurrir al método **Delete**.

```
Worksheets("Hoja2").Range("G5").CommentThreaded.Delete
```

5.2.7 DisplayPageBreak

La propiedad **DisplayPageBreak** nos permite gestionar los saltos de página de una hoja de cálculo determinada y saber si se muestran de forma automática o manual.

```
Worksheets("Hoja2"). DisplayPageBreaks = True
```

5.2.8 DisplayRightToLeft

La propiedad **DisplayRightToLeft** nos permite conocer si en una hoja de cálculo determinada se muestran los objetos de derecha a izquierda, en lugar de izquierda a derecha. Si se está establecida a **False** eso significará que los objetos se están mostrando de izquierda a derecha.

```
MsgBox Worksheets("Hoja2").DisplayRightToLeft
```

5.2.9 EnableCalculation

La propiedad **EnableCalculation** nos permite establecer la actualización automática de una hoja de cálculo determinada. Si está a **False**, la hoja de cálculo no se actualizará de manera automática.

```
Worksheets("Hoja2").EnableCalculation = False
```

5.2.10 EnablePivotTable

La propiedad **EnablePivotTable** nos permite recuperar o establecer si los controles y acciones sobre tablas dinámicas están o no activados.

```
ActiveSheet.EnablePivotTable = True
```

5.2.11 EnableSelection

La propiedad `EnableSelection` nos permite recuperar o establecer qué celdas pueden ser seleccionadas en una hoja de cálculo determinada. Esto también es aplicable a toda la hoja de cálculo. Así, por ejemplo, si deseamos que no se pueda realizar ninguna selección en la "hoja2" lo que podremos hacer es algo como:

```
With Sheets("Hoja2")
    .EnableSelection = xlNoSelection
    .Protect Contents:=True, UserInterfaceOnly:=True
End With
```

5.2.12 Index

La propiedad `Index` nos permite recuperar un valor de tipo Long que representa el número de índice del objeto dentro de la colección de `Worksheets`, aunque también es aplicable a cualquier colección de elementos del mismo tipo

```
MsgBox Sheets("Hoja2").Index
```

5.2.13 Name

La propiedad `Name` nos permite recuperar el nombre de una hoja de cálculo determinada. Aunque este valor suele ser el mismo que el que posee la propiedad `CodeName`, en muchos casos no es así. La razón de por qué esto puede suceder es porque, mientras que `Name` representa un valor que es visible, `CodeName` representa un valor que NO lo es.

```
MsgBox Worksheets(2).Name
```

5.2.14 Next

La propiedad `Next` nos permite recuperar la siguiente hoja de cálculo a la que se tiene seleccionada. Esta propiedad es aplicable tanto a hojas de cálculo como a celdas.

Ejemplo de aplicación a hojas de cálculo:

```
Worksheets("Hoja2".Next
```

Ejemplo de aplicación a celdas:

```
ActiveCell.Next.Select
```

5.2.15 Previous

La propiedad **Previous** nos permite recuperar la anterior hoja de cálculo a la que se tiene seleccionada. Esta propiedad es aplicable tanto a hojas de cálculo como a celdas.

Ejemplo de aplicación a hojas de cálculo:

```
Worksheets("Hoja2".Previous
```

Ejemplo de aplicación a celdas:

```
ActiveCell.Previous.Select
```

5.2.16 PageSetup

La propiedad **PageSetup** nos permite recuperar toda la configuración de página para un objeto especificado.

```
ActiveSheet.PageSetup.Orientation = xlPortrait
```

5.2.17 Protection

La propiedad **Protection** nos permite recuperar las opciones de protección de la hoja de cálculo. Todas ellas se describen con el método **Protect** del objeto **Worksheet** más adelante.

```
MsgBox ActiveSheet.Protection.AllowInsertingColumns
```

5.2.18 Range

La propiedad **Range** nos permite recuperar una celda o rango de ellas.

```
Worksheets("Hoja2").Range("A1").Value = 123
```

5.2.19 Rows

La propiedad **Rows** nos permite recuperar o conseguir todas las filas de una hoja de cálculo especificada.

```
Sheets("Hoja2").Rows(1).Delete
```

5.2.20 Type

La propiedad **Type** nos permite recuperar el tipo de hoja de cálculo que es.

Entre los tipos que devuelve podemos encontrar:

Nombre	Valor	Descripción
xlWorksheet	-4167	Hoja de cáculo (Worksheet)
xlDialogSheet	-4116	Hoja de diálogo (Dialog)
xlChart	-4109	Gráfico (Chart)
xlExcel4MacroSheet	3	Hoja de macros de Excel versión 4
xlExcel4IntlMacroSheet	4	Hoja de macros internacional de Excel versión 4

```
MsgBox Sheets("Hoja2").Type
```

5.2.21 UsedRange

La propiedad **UsedRange** nos permite recuperar las celdas que están siendo utilizadas o usadas.

```
Worksheets("Hoja2").UsedRange.Select
```

5.2.22 Visible

La propiedad **Application** nos permite recuperar o establecer si una hoja de cálculo está o no visible.

```
For Each sh In Sheets
    If sh.Visible = True Then
        MsgBox Sh.Name & " está visible"
    End If
Next sh
```

5.3 MÉTODOS Y EVENTOS MÁS COMUNES

5.3.1 Activate

El evento `Worksheet_Activate` se ejecuta o produce cuando se muestra una hoja de cálculo, aunque, como ya se ha visto y se puede deducir, también ocurre cuando se activa un libro, una hoja de gráficos o un gráfico incorporado.

Este evento no requiere de argumentos.

```
Private Sub Worksheet_Activate()
    ActiveSheet.Range("B2:E30").Select
End Sub
```

5.3.2 BeforeDelete

El evento `Worksheet_BeforeDelete` se ejecuta o produce justo antes de eliminar una hoja de cálculo.

Este evento no requiere de argumentos.

```
Private Sub Worksheet_BeforeDelete()
    ' Instrucciones a ejecutar
End Sub
```

Cabe destacar que la eliminación de una hoja de cálculo no es una operación que se pueda deshacer, por lo que hay que tener cuidado antes de eliminar este tipo de objetos de Excel.

5.3.3 BeforeDoubleClick

El evento `Worksheet_BeforeDoubleClick` se ejecuta o produce cuando realizamos un doble clic en una hoja de cálculo y antes del evento de doble clic predeterminado. Esto es, por ejemplo, se ejecutará antes de ejecutar el código asociado al evento `DoubleClick`.

Este evento presenta dos argumentos obligatorios:

Argumento	Opcional	Descripción
Target	No	Es de tipo **Range** e indica la celda donde se hizo el doble clic, o la más cercana.
Cancel	No	Es de tipo **Boolean** y establece si se debe ejecutar o no el evento de doble clic al finalizar el procedimiento. Por tanto, si su valor se establece a **True** no se realizará la acción de doble clic.

Un ejemplo de uso podría ser:

```
Private Sub Worksheet_BeforeDoubleClick(ByVal Target As Range, _
                                        Cancel As Boolean
    ' Instrucciones a ejecutar
End Sub
```

Cabe destacar que, el evento **DoubleClick** es independiente y nunca hará que se ejecute este evento.

5.3.4 BeforeRightClick

El evento **Worksheet_BeforeRightClick** se ejecuta o produce cuando realizamos un clic sobre el botón secundario del ratón en una hoja de cálculo y antes del evento de clic sobre el botón secundario del ratón predeterminado. Esto es, se ejecutará antes de ejecutar el código asociado al evento RightClick.

Este evento presenta dos argumentos obligatorios:

Argumento	Opcional	Descripción
Target	No	Es de tipo **Range** e indica la celda donde se hizo el clic derecho, o la más cercana.
Cancel	No	Es de tipo **Boolean** y establece si se debe ejecutar o no el evento de clic derecho al finalizar el procedimiento. Por tanto, si su valor se establece a **True** no se realizará la acción de clic derecho.

Un ejemplo de uso podría ser:

```
Private Sub Worksheet_BeforeRightClick(ByVal Target As Range, _
                                  Cancel As Boolean
    ' Instrucciones a ejecutar
End Sub
```

5.3.5 Calculate

El evento $\texttt{Worksheet\_Calculate}$ se ejecuta o produce cuando se realiza un nuevo cálculo o se realiza alguna operación que actualiza de alguna forma la hoja de cálculo. Esto es, por ejemplo, cuando se realiza una suma en una celda o se actualiza una celda que hace que alguna operación en la hoja de cálculo cambie.

Este evento no requiere de argumentos.

```
Private Sub Worksheet_Calculate()
    Columns("B:E").AutoFit
End Sub
```

5.3.6 Change

El evento $\texttt{Worksheet\_Change}$ se ejecuta o produce cuando una celda cambia de valor o se realiza una operación de actualización de alguna forma en la hoja de cálculo. Esto es, por ejemplo, cuando se inserta un nuevo valor en una celda vacía o se actualiza el valor de una celda ya definida.

Este evento presenta un único argumento obligatorio:

Argumento	Opcional	Descripción
Target	No	Es de tipo Range e indica la celda que cambió o rango de ellas que cambiaron.

Un ejemplo de uso podría ser:

```
Private Sub Worksheet_Change(ByVal Target as Range)
    If IsError(ActiveCell) Then
        ActiveCell.Font.Interior.Color = vbBlack
    End If
End Sub
```

5.3.7 Copy

El método `Copy` nos permite copiar una hoja de cálculo en otra ubicación de un libro dado, ya sea el actual o en uno nuevo.

Este evento presenta dos posibles argumentos:

Argumento	Opcional	Descripción
Before	Sí	Es de tipo `Variant` e indica que la posición de copiado será la anterior a la hoja indicada por el argumento.
After	Sí	Es de tipo `Variant` e indica que la posición de copiado será la siguiente a la hoja indicada por el argumento.

Un ejemplo de uso podría ser:

```
Worksheets("Hoja2").Copy before =Worksheets("Hoja4")
```

Cabe destacar que, estos argumentos son excluyentes, por tanto, si se define el primero, el segundo no tendrá efecto alguno.

5.3.8 Deactivate

El evento `Worksheet_Deactivate se` produce cuando se oculta una hoja de cálculo, aunque, como ya se ha visto y se puede deducir, también ocurre cuando se activa un libro, una hoja de gráficos o un gráfico incorporado.

Este evento no requiere de argumentos.

```
Private Sub Worksheet_Deactivate()
    ' Intrucciones a ejecutar
End Sub
```

5.3.9 Delete

El método `Delete` nos permite eliminar una hoja de cálculo.

```
Sheets(3).Delete
```

Cabe destacar que, este método, de forma predeterminada muestra un cuadro de diálogo que pide al usuario una confirmación de eliminación.

5.3.10 Evaluate

El método `Evaluate` nos permite recuperar el valor de un objeto o propiedad y convertir expresiones y textos en valores.

Este método también es posible llamarlo a través del uso de corchetes ya que, los corchetes equivalen a llamar al método Evaluate con un argumento de tipo cadena.

```
' Ejemplo 1
[a1].Value = 25
Evaluate("A1").Value = 25

' Ejemplo 2
MsgBox [SIN(45)] & " = " & Evaluate("SIN(45)")
```

5.3.11 FollowHyperlink

El evento `Worksheet_FollowHyperLink` se ejecuta o produce cuando hacemos clic o elegimos un hipervínculo o enlace en una hoja de cálculo.

Este evento presenta un único argumento obligatorio:

Argumento	Opcional	Descripción
Target	No	Es de tipo `Hyperlink` que representa o contiene el destino del hipervínculo o enlace.

Un ejemplo de uso podría ser:

```
Private Sub Worksheet_FollowHyperlink(ByVal Target As Hyperlink)
    ' Instrucciones a ejecutar
End Sub
```

5.3.12 FormatConditions

El método `FormatConditions` nos permite añadir, personalizar y eliminar reglas y realizar formatos condicionales en celdas o rangos de una hoja de cálculo.

Esto no sólo nos sirve para resaltar valores que están fuera de rango, también nos sirve para controlar y diferenciar intervalos e incluso para activar o desactivar el formato condicional en determinadas celdas o rangos.

La forma de agregar o añadir una regla para una celda es a través del método `Add`, el cual presenta cuatro posibles argumentos, uno de ellos obligatorio:

Argumento	Opcional	Descripción
Type	No	Es de tipo `XlFormatConditionType` y especifica si el formato condicional está basado en un valor de la celda o en el resultado de una expresión ya definida. Sus posibles valores se ven a continuación.
Operator	Sí	Es de tipo `Variant` e indica el operador que se aplicará al formato condicional. Sus posibles valores se ven a continuación.
Formula1	Sí	Es de tipo `Variant` e indica el primer valor o expresión que se aplicará al formato condicional. El valor que aquí se inserta puede ser un valor, una cadena, una referencia hacia una celda o una fórmula.
Formula2	Sí	Es de tipo `Variant` e indica el segundo valor o expresión que se aplicará al formato condicional. Este argumento se omite cuando el operador es distinto de `xlBetween` y `xlNotBetween` y, igual que el argumento anterior, puede ser un valor, una cadena, una referencia hacia una celda o una fórmula.

Un ejemplo de uso podría ser:

```
' Adición de un nuevo formato condicional entre dos valores
Range("A1:A100").FormatConditions.Add Type:=xlCellValue, _
                         Operator:=xlBetween, _
                         Formula1:="=0", Formula2:="=25"
```

En lo referente al argumento `Type`, sus posibles valores son:

Nombre / Valor	Descripción
xlCellValue	Indica que se va a asignar un valor constante de celda. Su valor es 1.
xlExpression	Indica que se va a asignar una expresión. Su valor es 2.
xlColorScale	Indica que se va a asignar una escala de colores. Su valor es 3.
xlDataBar	Indica que se va a asignar una barra de datos. Su valor es 4.
xlTop10	Indica que se van a asignar los 10 valores más frecuentes. Su valor es 5.
xlIconSet	Indica que se va a asignar un conjunto de iconos. Su valor es 6.
xlUniqueValues	Indica que se va a asignar unos valores únicos. Su valor es 8.
xlTextString	Indica que se va a asignar una cadena de texto. Su valor es 9.
xlBlanksCondition	Indica que se va a asignar una condición para las celdas que están en blanco. Su valor es 10.
xlTimePeriod	Indica que se va a asignar un período de tiempo. Su valor es 11.
xlAboveAverageCondition	Indica que se va a asignar una condición por encima de la media. Su valor es 12.
xlNoBlanksCondition	Indica que se desea asignar una condición de celdas que NO están en blanco. Su valor es 13.
xlErrorsCondition	Indica que se desea asignar una condición de errores. Su valor es 16.
xlNoErrorsCondition	Indica que se desea asignar una condición SIN errores. Su valor es 17.

En lo referente al argumento `Operator`, sus posibles valores son:

Nombre / Valor	Descripción
xlBetween	Que está entre dos valores. Sólo se puede usar si se definen las 2 fórmulas y su valor es 1.
xlNotBetween	Que NO está entre dos valores. Sólo se puede usar si se definen las 2 fórmulas y su valor es 2.
xlEqual	Que es igual. Su valor es 3.
xlNotEqual	Que NO es igual. Su valor es 4.
xlGreater	Que es mayor que. Su valor es 5.
xlLess	Que es menor que. Su valor es 6.
xlGreaterEqual	Que es mayor o igual que. Su valor es 7.
xlLessEqual	Que es menor o igual que. Su valor es 8.

Por tanto, el ejemplo anterior también podría haberse definido como:

```
Range("A1:A100").FormatConditions.Add Type:=1, _
                        Operator:=1, _
                        Formula1:="=0", Formula2:="=25"
```

Para eliminar o borrar los formatos condicionales se debe recurrir al método `Delete`:

```
Range("A1:A100").FormatConditions.Delete
```

Y para acceder a un formato condicional se puede acceder, o a través del método `Item` o a través de su índice como si de un array se tratase:

```
' En formato de array
Range("A1:A100").FormatConditions(1).Interior.Color = vbRed

' A través del método Item
Range("A1:A100").FormatConditions.Item(1).Font.Color = vbWhite
```

5.3.13 Move

El método `Move` nos permite mover una hoja de cálculo en otra ubicación de un libro dado, ya sea el actual o en uno nuevo.

Este método presenta dos posibles argumentos:

Argumento	Opcional	Descripción
Before	Sí	Es de tipo $Variant$ e indica que la posición de traslado será la anterior a la hoja indicada por el argumento.
After	Sí	Es de tipo $Variant$ e indica que la posición de traslado será la siguiente a la hoja indicada por el argumento.

Un ejemplo de uso podría ser:

```
Worksheets("Hoja2").Move after:=Worksheets("Hoja4")
```

Cabe destacar que, estos argumentos son excluyentes, por tanto, si se define el primero, el segundo no tendrá efecto alguno.

5.3.14 Paste

El método $Paste$ nos permite pegar una hoja de cálculo en otra ubicación de un libro dado, ya sea el actual o en uno nuevo.

Este método presenta dos posibles argumentos:

Argumento	Opcional	Descripción
Destination	Sí	Es de tipo $Variant$, se estará especificando donde se debe pegar el contenido del portapapeles. De no especificarse se utilizará la selección actual.
Link	Sí	Es de tipo $Variant$ establece un vínculo al origen de los datos pegados.

Un ejemplo de uso podría ser:

```
ActiveSheet.Paste Destination:=Worksheets("Sheet2").Range("B2:E30")
```

Cabe destacar que, estos argumentos son excluyentes, por tanto, si se define el primero, el segundo no tendrá efecto alguno. Además, si el contenido del portapapeles no se puede pegar en el destino o rango solicitado, es posible que se produzca un error o un efecto no deseado.

5.3.15 PasteSpecial

El método `PasteSpecial` nos permite pegar en la hoja de cálculo un objeto con un formato específico. Sirve tanto para pegar desde otras aplicaciones, como para pegar con un formato que no es el original.

Este método presenta siete posibles argumentos:

Argumento	Opcional	Descripción
Format	Sí	Es de tipo `Variant` y especifica el formato de los datos del Portapapeles. Entre sus posibles valores encontramos: • `Picture (PNG)`: indica que se trata de una imagen PNG. Su valor numérico equivalente es `0`. • `Picture (JPEG)`: indica que se trata de una imagen JPEG. Su valor numérico equivalente es `1`. • `Picture (GIF)`: indica que se trata de una imagen GIF. Su valor numérico equivalente es `2`. • `Picture (Enhanced Metafile)`: indica que se trata de un metaarchivo mejorado. Su valor numérico equivalente es `3`. • `Bitmap`: indica que se trata de una imagen PNG. Su valor numérico equivalente es `4`. • `Microsoft Office Drawing Object`: indica que se trata de un Objeto de dibujo de Microsoft Office. Su valor numérico equivalente es `5`. • `[Otros]`: por ejemplo, `HyperLink`, `Text` o `Microsoft Word 8.0 Document Object`.
Link	Sí	Es de tipo `Variant` y establece el vínculo al origen de los datos que se van a pegar. Su valor predeterminado es `False`.
DisplayAsIcon	Sí	Es de tipo `Variant` y si los datos se deben mostrar como un icono. Su valor predeterminado es `False`.

IconFileName	Sí	Es de tipo `Variant` y establece el nombre del archivo del icono que se va a usar. Sólo tendrá validez cuando el argumento `DisplayAsIcon` esté establecido a `True`.
IconIndex	Sí	Es de tipo `Variant` y establece el índice del icono dentro de un archivo de iconos.
IconLabel	Sí	Es de tipo `Variant` y establece el texto que se asignará al icono.
NoHTMLFormatting	Sí	Es de tipo `Variant` y establece si se deben eliminar o no todos los hipervínculos e imágenes de HTML que contiene el portapapeles. Su valor predeterminado es `False`.

Un ejemplo de uso podría ser:

```
Worksheets("Hoja2").Range("G2").PasteSpecial _
                    Format:="Picture (Enhanced Metafile)", _
                    Link:=False, DisplayAsIcon:=False
```

5.3.16 PrintOut

El método `PrintOut` nos permite imprimir objetos.

Este método presenta nueve posibles argumentos:

Argumento	Opcional	Descripción
From	Sí	Es de tipo `Variant` e indica el número de la primera página que se imprimirá.
To	Sí	Es de tipo `Variant` e indica el número de la última página que se imprimirá.
Copies	Sí	Es de tipo `Variant` e indica el número de copias que se desean imprimir.
Preview	Sí	Es de tipo `Variant` e indica si se desea o no que se muestre una vista preliminar antes de imprimir el objeto, página o documento.

ActivePrinter	Sí	Es de tipo **Variant** e indica el nombre de la impresora activa.
PrintToFile	Sí	Es de tipo **Variant** e indica si se debe imprimir en un archivo independiente. Si se establece a False, lo que se vaya a imprimir se hará de forma inmediata.
Collate	Sí	Es de tipo **Variant** e indica si se deber. o no intercalar las copias.
PrToFileName	Sí	Es de tipo **Variant** e indica el nombre del archivo que se usará cuando se establezca el argumento de **PrintToFile**.
IgnorePrintAreas	Sí	Es de tipo **Variant** e indica si se deben o no omitir las áreas de impresión e imprimir todo el objeto, página o documento.

Un ejemplo de uso podría ser:

```
Worksheets("Hoja2").Range("G2").PasteSpecial _
                        Format:="Picture (Enhanced Metafile)", _
                        Link:=False, DisplayAsIcon:=False
```

5.3.17 PivotTables

El método **PivotTables** nos permite recuperar todos los informes de tabla dinámica de una hoja de cálculo determinada como un único elemento o como una colección de ellos.

Este método presenta un único argumento:

Argumento	**Opcional**	**Descripción**
Index	Sí	Es de tipo **Variant** e indica el nombre o número del informe.

Un ejemplo de uso podría ser:

```
ActiveSheet.PivotTables("Informe1"). _
        PivotFields("Media 2023").Function = xlAverage
```

Cabe destacar que, como se puede apreciar en el ejemplo anterior, el método `PivotTables` se alimenta del objeto `PivotFields`.

Este objeto nos permite manejar o establecer las propiedades referentes a los objetos de un informe de tabla dinámica. Entre las más usadas podemos encontrar `Count` para saber cuántos campos u objetos tiene el informe de tabla dinámica y `Function`, la cual nos permite aplicar una función subtotal. A continuación, se especifican todos sus posibles valores:

Nombre	Valor	Descripción
`xlVarP`	-4165	Variación, basada en toda la población.
`xlVar`	-4164	Variación, basada en una muestra.
`xlSum`	-4157	Suma.
`xlStDevP`	-4156	Desviación estándar, basada en toda la población.
`xlStDev`	-4155	Desviación estándar, basada en una muestra.
`xlProduct`	-4149	Multiplicar.
`xlMin`	-4139	Mínimo.
`xlMax`	-4136	Máximo.
`xlCountNums`	-4113	Contar sólo los valores numéricos.
`xlCount`	-4112	Longitud o cuenta.
`xlAverage`	-4106	Promedio.
`xlDistinctCount`	11	Recuento mediante el análisis de recuentos distintos.
`xlUnknown`	1000	No se especifica ninguna función de subtotal.

5.3.18 PivotTableUpdate

El evento `Worksheet_PivotTableUpdate` se ejecuta o produce cuando se actualiza un informe de tabla dinámica en una hoja de cálculo.

Este método presenta un único argumento obligatorio:

Argumento	Opcional	Descripción
Target	No	Es de tipo $PivotTable$ e indica el informe de tabla dinámica que ha sido actualizado.

Un ejemplo de uso podría ser:

```
Private Sub Worksheet_PivotTableUpdate(ByVal Target As PivotTable)
    ' Instrucciones a ejecutar
End Sub
```

5.3.19 Protect

El método $Protect$ nos permite proteger una hoja de cálculo de forma que no se pueda modificar o actualizar.

Este método presenta dieciséis posibles argumentos:

Argumento	Opcional	Descripción
Password	Sí	Es de tipo $Variant$ e indica la contraseña que se utilizará para proteger el libro.
DrawingObjects	Sí	Es de tipo $Variant$ e indica si se deben proteger o no las formas. Por defecto es $True$.
Contents	Sí	Es de tipo $Variant$ e indica si se debe proteger o no el contenido. Por defecto es $True$.
Scenarios	Sí	Es de tipo $Variant$ e indica si se deben proteger o no los escenarios. Por defecto es $True$.

UserInterfaceOnly	Sí	Es de tipo `Variant` e indica si se debe proteger o no la interfaz de usuario con posibilidad de usar macros. Por defecto es `False`, por lo que, se protegerá tanto la interfaz de usuario como las macros.
AllowFormattingCells	Sí	Es de tipo `Variant` e indica que el usuario tiene permiso para dar formato a las celdas. Por defecto es `False`.
AllowFormattingColumns	Sí	Es de tipo `Variant` e indica que el usuario tiene permiso para dar formato a las columnas. Por defecto es `False`.
AllowFormattingRows		Es de tipo `Variant` e indica que el usuario tiene permiso para dar formato a las filas. Por defecto es `False`.
AllowInsertingColumns		Es de tipo `Variant` e indica que el usuario tiene permiso para insertar o añadir columnas. Por defecto es `False`.
AllowInsertingRows		Es de tipo `Variant` e indica que el usuario tiene permiso para insertar o añadir filas. Por defecto es `False`.
AllowInsertingHyperlinks		Es de tipo `Variant` e indica que el usuario tiene permiso para insertar hipervínculos. Por defecto es `False`.
AllowDeletingColumns		Es de tipo `Variant` e indica que el usuario tiene permiso para eliminar o borrar columnas. Por defecto es `False`.
AllowDeletingRows		Es de tipo `Variant` e indica que el usuario tiene permiso para eliminar o borrar filas. Por defecto es `False`.

AllowSorting		Es de tipo $Variant$ e indica que el usuario tiene permiso para ordenar las columnas, filas y celdas. Por defecto es $False$.
AllowFiltering		Es de tipo $Variant$ e indica que el usuario tiene permiso para establecer o realizar filtros. Por defecto es $False$.
AllowUsingPivotTables		Es de tipo $Variant$ e indica que el usuario tiene permiso para usar informes de tabla dinámica. Por defecto es $False$.

Un ejemplo de uso podría ser:

```
Sheets("Hoja2").Protect Password:=InputBox("¿Ccontraseña?:") _
                        DrawingObjects:=False, _
                        Contents:=True, _
                        Scenarios:=False
```

5.3.20 Select

El método $Select$ nos permite seleccionar una hoja de cálculo u objeto de la misma.

Este método presenta un único argumento:

Argumento	Opcional	Descripción
Replace	Sí	Es de tipo $Variant$ e indica si se debe reemplazar la selección actual con el objeto especificado. Si este argumento se establece a False, se extenderá la selección actual de modo que se incluyan los objetos previamente seleccionados y el objeto especificado.

Un ejemplo de uso podría ser:

```
' Seleccionar una hoja de cálculo
Sheets("Hoja2".Select
```

5.3.21 SelectionChange

El evento `Worksheet_SelectionChange` se ejecuta o produce cuando cambia la selección en una hoja de cálculo.

Este método presenta un único argumento obligatorio:

Argumento	Opcional	Descripción
Target	No	Es de tipo **Range** e indica la celda o rango de ellas que han sido seleccionadas.

Un ejemplo de uso podría ser:

```
Private Sub Worksheet_SelectionChange(ByVal Target As Range)
    ' Mover las barras de desplazamiento hasta celda seleccionada
    With ActiveWindow
        .ScrollRow = Target.Row
        .ScrollColumn = Target.Column
    End With
End Sub
```

Cabe destacar que, el evento `SelectionChange` es independiente y se ejecuta antes de cualquier evento clic, siempre y cuando no sea doble.

5.4 EJEMPLOS PRÁCTICOS

5.4.1 Macro 26: Bloquear el botón derecho del ratón

Realizar una macro que impida que se muestre el menú contextual asociado a la pulsación del botón derecho del ratón. Esta macro, en principio, debería provocar la sensación de que no ocurre nada, por ello, lo que haremos es mostrar un mensaje de "Acción no permitida".

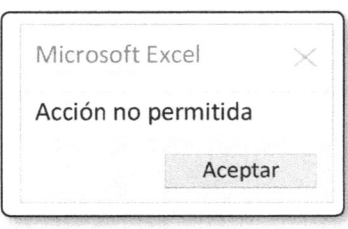

5.4.1.1 SOLUCIÓN

```
Private Sub Worksheet_BeforeRightClick(ByVal Target As Range, Cancel As Boolean)
    Cancel = True


    MsgBox "Acción no permitida"
End Sub
```

5.4.2 Macro 27: Conocer el tipo de dato introducido

Realizar una macro que nos indique el tipo de dato que se inserta en una celda dada, por ejemplo, la celda D2.

Lo que tendrá que comprobar es si el valor introducido en D2 es un contenido vacío, si es de tipo número, si es un texto o si es una fecha.

A continuación, se muestra una posible resolución:

5.4.2.1 SOLUCIÓN

```
Private Sub Worksheet_Change(ByVal Target As Range)
    Dim val As Variant


    val = Target.value


    Select Case True
        Case ""
            MsgBox "La celda no puede estar vacía"
        Case IsDate(val)
            MsgBox "El valor es de tipo fecha"
        Case IsNumeric(val)
            MsgBox "El valor es de tipo número"
```

```
        Case WorksheetFunction.IsText(Val)
            MsgBox "El valor es de tipo texto"
    End Select
End Sub
```

Para este caso, a lo que se ha recurrido es a un `Select Case` y las funciones que nos provee VBA para detectar todas estas casuísticas. En concreto, `IsNumber`, `IsDate` y `WorksheetFunction.IsText`.

Es curioso observar que, si preguntamos por `Select Case val`, el código no funciona correctamente ya que nunca entra dentro de la estructura, pero, si establecemos `Select Case True` sí que funciona, ya que forzamos su entrada dentro de la estructura sí o sí.

5.4.3 Macro 28: Ordenación automática al detectar un cambio

Elaborar una macro que permita ordenar una tabla según vayamos insertando datos.

A continuación, se muestra una representación de cuando la tabla contiene un único registro y cuando se inserta un segundo.

	A	B	C	D	E	F	G
1							
2		Nombre	Apellido 1	Apellido 2	Teléfono		
3		José Luis	Martínez	González	611.111.119		
12							

	A	B	C	D	E	F	G
1							
2		Nombre	Apellido 1	Apellido 2	Teléfono		
3		Elena	Diez	Medina	611.111.116		
4		José Luis	Martínez	González	611.111.119		
12							

Si nos fijamos en las imágenes anteriores podemos ver que el primer registro que se ha insertado es "José Luis Martínez González", el cual se muestra en primer lugar porque no hay datos. Sin embargo, al insertar el registro de "Elena Diez Medina", lo que se observa es que, aunque se insertó en la Fila 2, al terminar la inserción y tener todos los datos necesarios, se ha ordenado ascendentemente la tabla provocando que aparezca el segundo registro en primer lugar.

5.4.3.1 SOLUCIÓN

```
Private Sub Worksheet_Change(ByVal Target As Range)
    If Target.Column = 5 Then
        With Range("B:E")
            .Sort key1:=.Cells(1, 4), Header:=xlYes
        End With
    End If
End Sub
```

Al leer con detenimiento el código anterior podemos observar que la ordenación se produce cuando se introduce el valor en la celda perteneciente a la columna E, estén o no establecidos los valores de las columnas anteriores. Esto significa que, si únicamente introducimos el nombre y los apellidos sin insertar el último campo o valor, no se ejecutará la macro y no se provocará el proceso de reordenación.

Además, esta macro tiene una pequeña pega, que la cabecera de la tabla siempre debe estar en la fila 1. Esto es, si declaramos o definimos la cabecera en la fila 2, o cualquier otra fila, se tomará como datos en vez de valores de cabecera y se ordenará con el resto de las filas, exceptuando la primera.

5.4.4 Macro 29: Actualizar tablas dinámicas al activar una hoja

Realizar una macro que detecte si hay tablas dinámicas en una determinada hoja de cálculo y, si es así, que actualice todos los datos.

5.4.4.1 SOLUCIÓN

```
Private Sub Worksheet_Activate()
    Dim table As PivotTable
    Dim updated As Boolean

    For Each table In ActiveSheet.PivotTables
        table.RefreshTable
```

```
        If updated = False Then updated = True
    Next table

    ' Mostramos un cuadro de diálogo con el mensaje de actualización
    If updated Then
        MsgBox "¡Se han actualizado todas las tablas dinámicas!"
    End If
End Sub
```

Si nos fijamos en el código veremos que recurrimos a la declaración de variables mediante la palabra reservada `Dim` y un bucle `For Each` que, a su vez, se alimenta del objeto `PivotTables` del objeto `Activesheet`, que es quien apunta a la hoja de cálculo activa. Posteriormente preguntamos con la instrucción `If` si ha habido alguna actualización y, si es así, mostramos un mensaje de que las tablas han sido actualizadas.

5.4.5 Macro 30: Copia de seguridad al eliminar una hoja

Realizar una macro que haga una copia de seguridad del contenido de una hoja de cálculo justo antes de ser eliminada.

5.4.5.1 SOLUCIÓN

```
Private Sub Worksheet_BeforeDelete()
    Dim Sheet2Delete As String

    Sheet2Delete = ThisWorkbook.ActiveSheet.Sheet2Delete
    ThisWorkbook.ActiveSheet.Name = VBA.Left(Sheet2Delete, 32) & "-Copia"

    ThisWorkbook.ActiveSheet.Copy _
        After:=Sheets(ThisWorkbook.ActiveSheet.Index)

    ThisWorkbook.ActiveSheet.Name = Sheet2Delete
End Sub
```

Esta sencilla macro utiliza el objeto `ThisWorkbook`, que representa al libro que contiene la macro actual y donde se ejecutará, y el método `Copy`, el cual permite copiar la hoja de cálculo en otra ubicación en el libro de trabajo. El método `VBA.Left` nos permite obtener un número especificado de caracteres del lado izquierdo de una cadena, el cuál se utiliza para renombrar la hoja de cálculo y crear una copia idéntica con el mismo nombre (a continuación de la hoja solicitada) que posteriormente será la que se elimine.

5.4.6 Macro 31: Seleccionar las celdas de una tabla y formatearla

Realizar una macro que, al hacer doble clic en la celda F2 de nuestra hoja de cálculo seleccione las celdas comprendidas entre las columnas A y D y filas de 1 a 10. Los nombres de los campos serán Nombre, Apellido 1, Apellido 2 y Teléfono.

La celda F2 se distinguirá de las demás dándole una apariencia de botón con un fondo gris medio, texto negro y borde gris más oscuro. El texto que contendrá será "Aplicar formato" y se establecerá en negrita.

La fila de cabecera deberá tener fondo negro, texto en blanco y estar en negrita. Las filas de datos deberán tener el texto en negro, aplicando un estilo cebrado, es decir, con filas gris claro y blanco de forma alterna y borde en negro.

A continuación, se muestra un posible resultado:

	A	B	C	D	E	F	G
1							
2		Nombre	Apellido 1	Apellido 2	Teléfono		Aplicar Formato
3		Pablo	Fernández	Casado	611.111.111		
4		Miguel	Fernández	García	611.111.112		
5		Rocío	López	Moratalaz	611.111.113		
6		Silvia	Estévez	Gracia	611.111.114		
7		Mariano	Ros	Rodríguez	611.111.115		
8		Elena	Diez	Medina	611.111.116		
9		Noelia	Cano	Sánchez	611.111.117		
10		Mercedes	Rodríguez	Pérez	611.111.118		
11		José Luis	Martínez	González	611.111.119		
12							

5.4.6.1 SOLUCIÓN

```
Private Sub Worksheet_BeforeDoubleClick(ByVal Target As Range, Cancel As Boo-
lean)
    If Not Intersect(Target, Range("G2")) Is Nothing Then
        Cancel = True

        ' Formateamos las celdas de cabecera
```

```
    With ActiveSheet.Range("B2", "E2")
        .Select
        .Interior.Color = RGB(0, 0, 0)
        .Font.Color = RGB(255, 255, 255)
        .HorizontalAlignment = xlCenter
        .VerticalAlignment = xlCenter
        .RowHeight = 18.75
    End With

    ' Establecemos el estilo cebrado para las filas de datos
    For Each Item In ActiveSheet.Range("B3", "E11")
        If Item.Row > 2 And Item.Row Mod 2 = 0 Then
            Item.Interior.Color = RGB(240, 240, 240)
        Else
            Item.Interior.Color = RGB(255, 255, 255)
        End If
    Next Item

    ' Formateamos las celdas de datos
    With ActiveSheet.Range("B3", "E11")
        .Select
        .Font.Color = RGB(0, 0, 0)
        .HorizontalAlignment = xlCenter
        .VerticalAlignment = xlCenter
        .RowHeight = 18.75

        With .Borders
            .LineStyle = xlContinuous
            .Color = vbBlack
            .Weight = xlThin
        End With
    End With
    End If
End Sub
```

Como se puede apreciar, la macro ya empieza a ser algo grande, principalmente, porque realiza muchos pequeños cambios. No obstante, se ha recurrido a utilizar bloques `With` para reducir el código de la macro.

Dentro de estos bloques `With` ya trabajamos con los métodos y propiedades del objeto `Range`, el cual nos permite realizar modificaciones sobre los colores y estilos, es decir, a través de las propiedades `Font.Color`, `Interior.Color`, `RowHeight`, `ColumnWidth` (que aquí no se establece, pero permite establecer el ancho de la columna) o `Borders`.

5.4.7 Macro 32: Buscar un valor en una tabla

Realizar una macro que resalte todas las coincidencias que encuentre en una tabla dentro de una hoja de cálculo de Excel.

Para este ejemplo, no se deberán contemplar las coincidencias parciales ni los acentos, es decir, que si buscamos "Fer" en una tabla de datos personales como la mostrada a continuación no encontrará ningún resultado.

	A	B	C	D	E	F	G
1							
2		Nombre	Apellido 1	Apellido 2	Teléfono		Valor a Buscar:
3		Pablo	Fernández	Casado	611.111.111		Fernández
4		Miguel	Fernández	García	611.111.112		
5		Rocío	López	Moratalaz	611.111.113		
6		Silvia	Estévez	Gracia	611.111.114		
7		Mariano	Ros	Rodríguez	611.111.115		
8		Elena	Diez	Medina	611.111.116		
9		Noelia	Cano	Sánchez	611.111.117		
10		Mercedes	Rodríguez	Pérez	611.111.118		
11		José Luis	Martínez	González	611.111.119		
12		Silvia	Jato	Montero	611.111.120		
13		Pedro	García	Galván	611.111.121		
14		Enrique	De Pedro	Ramírez	611.111.122		
15							

5.4.7.1 SOLUCIÓN

```
Private Sub WorkSheet_Change(ByVal Target As Range)
    Dim Found As Boolean


    Found = False


    ' Si el cambio no ha sido en la celda H2,
    ' no ejecutamos nada más
    If Target.Address <> "$G$3" Then Exit Sub
```

```
    Set ItemSearch = Cells(3, "G")
    ' Reestablecesmos los estilos de la tabla
For Each Item In ActiveSheet.Range("B:E")
    If Item.Row > 1 And Item.Column = 2 And _
        (IsNull(Item) Or Item = "") Then Exit For

        ' Reestablecemos el color de fondo de la celda
        If Item.Row > 2 Then
            If Item.Row Mod 2 = 0 Then
                Item.Interior.Color = RGB(240, 240, 240)
            Else
                Item.Interior.Color = RGB(255, 255, 255)
            End If

            ' Reestablecemos el color del texto
            Item.Font.Color = RGB(0, 0, 0)
        End If

        If Not IsNull(ItemSearch) And ItemSearch <> "" _
            And ItemSearch.Value = Item.Value Then
            'Si dato contiene un valor que no es vacío es que existe
            Item.Interior.Color = RGB(0, 176, 80)
            Item.Font.Color = RGB(255, 255, 255)
            Found = True
        End If
    Next Item

    If Not Found And Not IsNull(ItemSearch) And ItemSearch <> "" Then
        'Si dato contiene un valor vacío es que no se ha encontrado
        MsgBox "Valor no encontrado!!"
    End If
End Sub
```

Si nos fijamos en el código anterior podemos observar que, primero, definimos la variable **Found** para controlar si hemos encontrado alguna coincidencia o no. A continuación, preguntamos si la celda que provocó el cambio fue la celda G3 a través del objeto **Target** y su propiedad **Address** y, de ser así, recuperamos su valor gracias al método **Cells**.

Una vez que tenemos el valor recorremos todos los valores de la tabla, que están comprendidos entre las columnas B y E sabiendo que, si llegamos a una celda vacía en la columna B, es que hemos terminado de buscar ya que no puede darse el caso de que una persona no tenga "nombre".

Durante el recorrido de este bucle `For Each` analizamos los valores y las filas para darle los colores distintivos de encontrado o no y, al final, preguntamos si hemos encontrado algo. De no ser así mostramos un mensaje emergente que nos indica que la búsqueda ha sido infructuosa.

5.4.8 Macro 33: Calcular el total de un rango seleccionado

Realizar una macro que sume todos los valores numéricos que encuentre dentro de un rango seleccionado por el usuario.

A continuación, se muestra una posible resolución:

	A	B	C	D	E	F	G
1							
2		Nombre	Apellido 1	Apellido 2	Salario		Suma Total
3		Pablo	Fernández	Casado	1.000		4.200
4		Miguel	Fernández	García	1.100		
5		Rocío	López	Moratalaz	1.200		
6		Silvia	Estévez	Gracia	1.300		
7		Mariano	Ros	Rodríguez	1.400		
8		Elena	Diez	Medina	1.500		
9		Noelia	Cano	Sánchez	1.600		
10		Mercedes	Rodríguez	Pérez	1.700		
11		José Luis	Martínez	González	1.800		
12		Silvia	Jato	Montero	1.900		
15							

5.4.8.1 SOLUCIÓN

```
Private Sub Worksheet_SelectionChange(ByVal Target As Range)
    Dim Seleccion As Range
    Dim Total As Double

    For Each Seleccion In Target
        If IsNumeric(Seleccion) Then
```

```
        Total = Total + Seleccion.Value
    End If
Next Seleccion


[G3] = Total
End Sub
```

Aunque esta macro es bastante sencilla, resulta un buen ejemplo para ver cómo funciona el método `Worksheet_SelectionChange` y cómo actualizar el valor de una celda sin tener que recurrir a los objetos `Cells` o `Range`, ya que basta con poner el "nombre" de la celda entre corchetes.

En realidad, lo único que necesitamos controlar en esta macro para que funcione es chequear el tipo de valor con el método `IsNumeric`. Cuando la macro detecte que es un número, lo que hará es sumarlo a la variable `Total` e insertar su valor finalmente en la celda que hayamos elegido, en este caso, la celda G3.

5.4.9 Macro 34: Guardar el libro Excel al desactivar una hoja

Realizar una macro que, cuando se produzca la desactivación de una hoja haga que el libro se guarde de manera automática. Por desactivación entendemos que la hoja de cálculo en cuestión pierda el foco y se muestre otra distinta, la cual es la que ha solicitado el usuario.

5.4.9.1 SOLUCIÓN

```
Private Sub WorkSheet_Deactivate()
    ThisWorkbook.Save
End Sub
```

5.4.10 Macro 35: Filtrado de registros en una tabla

Realizar una macro que oculte o muestre las filas de una tabla de Excel en función de si contiene o no la palabra buscada, con coincidencia total o parcial.

Para solicitar la palabra a buscar, se deberá utilizar un botón que solicite a través de un diálogo emergente el valor requerido.

A continuación, se muestra una posible solución:

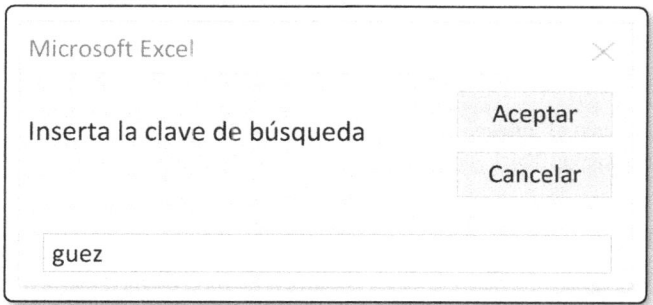

	A	B	C	D	E	F	G
1							
2		Filtrando por: "guez"					Buscar
3		Nombre	Apellido 1	Apellido 2	Teléfono		
8		Mariano	Ros	Rodríguez	611.111.115		
11		Mercedes	Rodríguez	Pérez	611.111.118		
16							

5.4.10.1 SOLUCIÓN

Creamos una hoja de cálculo con los datos anteriormente expuestos, o con unos similares, e insertamos un botón desde la pestaña de **Programador** de Excel. Lo colocamos en alguna parte visible a la altura de la cabecera de la tabla y nos vamos al Editor de Visual Basic, si no nos lo ha abierto ya al crear y colocar el botón en la hoja de cálculo.

A continuación, insertamos el siguiente código:

```
Sub Filtrar_tabla()
    Dim found As Boolean
    Dim itemSearch As String
    Dim numRows As Double
    Dim aux As String

    ' Deshacemos el posible filtro anterior
    ActiveSheet.Range("B:E").EntireRow.Hidden = False
    ActiveSheet.Range("B2").Select
    ActiveCell.Value = "Sin filtro activo"
```

```
    ' Suponemos que no vamos a encontrar nada
    found = False

    ' Recuperamos el número de filas de datos de la tabla
    numRows = Range("B4", Range("B4").End(xlDown)).Rows.Count

    ' Solicitamos la cadena a buscar
    itemSearch = InputBox("Introduzca el valor a buscar")

    ' Recorremos las filas
    ActiveSheet.Range("B4").Select
    For x = 1 To numRows
        ' Recuperamos la fila entera a modo de cadena
        aux = ActiveCell.Offset(x - 1, 0) + " " + _
              ActiveCell.Offset(x - 1, 1) + " " + _
              ActiveCell.Offset(x - 1, 2) + " " + _
              CStr(ActiveCell.Offset(x - 1, 3)) + " "

        ' Si no encontramos una coincidencia ocultamos la fila
        If InStr(1, aux, itemSearch) = 0 Then
            ActiveCell.Offset(x - 1, 0).EntireRow.Hidden = True
        Else
            ' Como hay coincidencia lo indicamos para no mostrar
            ' el mensaje de no encontrado
            found = True
        End If
    Next

    If Not found And Not IsNull(itemSearch) And itemSearch <> "" Then
        'Si dato contiene un valor vacío es que no se ha encontrado
        MsgBox "No se ha encontrado el valor: " + itemSearch
    End If

    ' Establecemos el filtro que se está aplicando en la celda B2
    ActiveSheet.Range("B2").Select
    ActiveCell.Value = "Filtrando por: " + Chr(34) + itemSearch + Chr(34)

    ' Nos situamos en la primera celda de cabecera
    ActiveSheet.Range("B3").Select
End Sub
```

Si nos fijamos en el código podremos observar que, después de la declaración de variables, lo primero que hacemos es el deshacer el posible filtro anterior y recuperar el tamaño de la tabla.

A continuación, preguntamos por el valor que se desea buscar y, recorremos las filas buscando coincidencias parciales o totales a través del método `InStr`. Si el valor es distinto de 0, tendremos coincidencia con la cadena buscada y deberemos dejar la fila como está, es decir, visible. En caso contrario, lo que tendremos que hacer es ocultarla con el atributo o propiedad `Hidden`.

Finalmente. en función del resultado de la búsqueda, mostraremos una cadena con el filtro aplicado o un mensaje de búsqueda infructuosa.

5.4.11 Macro 36: Crear un calendario para un mes dado

Realizar una macro que nos solicite un mes y un año y cree en la hoja de cálculo activa un calendario con vista mensual. El resultado debería ser similar a lo siguiente:

AGOSTO 2023

Lunes	Martes	Miércoles	Jueves	Viernes	Sábado	Domingo
	1	2	3	4	5	6
	Concierto a las 22 horas con Elena					
7	8	9	10	11	12	13
14	15	16	17	18	19	20
21	22	23	24	25	26	27
28	29	30	31			

Para conseguir el valor del mes y año deseado, se deberá recurrir al método de Application `InputBox`. Cuando se ejecute este método, debería mostrarnos algo similar a lo siguiente:

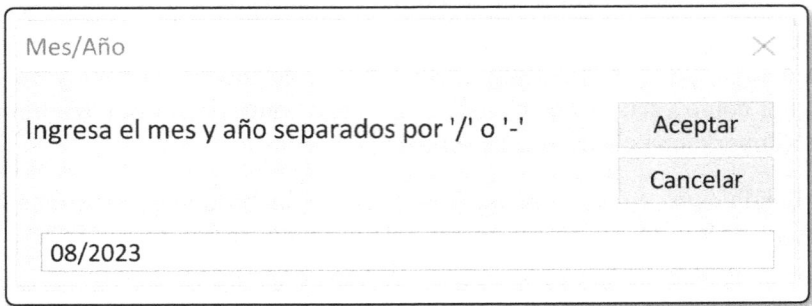

Como tarea adicional, se deberá establecer como valor por defecto el mes y año actual, además de tener el título y texto indicados en la ilustración anterior.

5.4.11.1 SOLUCIÓN

```
Sub CalendarMaker()
    ' Desactivamos la actualización de pantalla
    ' y evitar los parpapeos
    Application.ScreenUpdating = False

    ' Activamos el control de errores.
    On Error GoTo MostrarError

    ' Reseteamos todo, por si hay ya un calendario creado
    CalendarReset

    ' Solicitamos el mes y año
    MyInput = InputBox("Ingresa el mes y año separados por '/' o '-'", _
                    "Mes/Año", Format(Date, "mm") & "/" & _
                    Format(Date, "yyyy"))

    ' Si pulsan el botón de cancelar terminamos la macro
    If MyInput = "" Then Exit Sub

    ' Convertimos el valor introducido a fecha.
    StartDay = DateValue(MyInput)

    ' Establecemos el contenido de la celda A1,
    ' correspondiente al título de Mes y Año
    CalendarSetTitle StartDay

    ' Establecemos los días de la semana.
    CalendarSetWeekNames
```

```
    ' Establecemos el número de día correspondiente
    ' al día de la semana
    CalendarFill StartDay

    ' Activamos la actualización de pantalla
    Application.ScreenUpdating = True

    ' Si todo ha ido bien, finalizamos
    Exit Sub

' Error causes msgbox to indicate the problem, provides new input box,
' and resumes at the line that caused the error.
MostrarError:
    Msg = "Error # " & str(Err.Number) & " was generated by " _
          & Err.Source & Chr(13) & "Error Line: " & Erl _
          & Chr(13) & Err.Description

    MsgBox Msg
End Sub


Sub CalendarReset()
    ' Desprotegemos la hoja para poder resetearla y modificarla
    ActiveSheet.Unprotect

    ' Descombinamos las celdas de A1 a G1
    Range("A1:G1").Merge False

    ' Resetamos los formatos de todas las celdas usadas en la hoja
    With ActiveSheet.usedRange
        .Clear
        .HorizontalAlignment = xlLeft
        .VerticalAlignment = xlCenter
        .Font.Size = 12
        .Font.Bold = False
        .RowHeight = 18
    End With
End Sub


Sub CalendarSetTitle(ByVal fecha As Date)
    ' Combinamos las celdas de A1 a G1
    Range("A1:G1").Merge True

    ' Damos formato
    With Range("a1")
```

```
                .NumberFormat = "mmmm yyyy"
                .HorizontalAlignment = xlCenterAcrossSelection
                .VerticalAlignment = xlCenter
                .Font.Size = 18
                .Font.Bold = True
                .RowHeight = 35

                .Value = UCase(Format(fecha, "mmmm yyyy"))
        End With
    End Sub

    Sub CalendarSetWeekNames()
        ' Establecemos el formato
        With Range("A2:G2")
                .ColumnWidth = 11
                .VerticalAlignment = xlCenter
                .HorizontalAlignment = xlCenter
                .VerticalAlignment = xlCenter
                .Orientation = xlHorizontal
                .Font.Size = 12
                .Font.color = rgbMediumVioletRed
                .Font.Bold = True
                .RowHeight = 20
        End With

        ' Asignamos los nombres de la semana
        Range("a2") = "Lunes"
        Range("b2") = "Martes"
        Range("c2") = "Miércoles"
        Range("d2") = "Jueves"
        Range("e2") = "Viernes"
        Range("f2") = "Sábado"
        Range("g2") = "Domingo"
    End Sub

    Sub CalendarFill(ByVal fechaIni As Date)
        ' Recuperamos el día de la semana, mes y año de la fecha solicitada
        nDia = Weekday(fechaIni)
        anio = Year(fechaIni)
        mes = Month(fechaIni)

        ' Asignamos el valor del día 1 según corresponda
        Select Case nDia
            Case 1
                Range("g3").Value = 1
```

```vba
            Range("g3").Select
        Case 2
            Range("a3").Value = 1
            Range("a3").Select
        Case 3
            Range("b3").Value = 1
            Range("b3").Select
        Case 4
            Range("c3").Value = 1
            Range("c3").Select
        Case 5
            Range("d3").Value = 1
            Range("d3").Select
        Case 6
            Range("e3").Value = 1
            Range("e3").Select
        Case 7
            Range("f3").Value = 1
            Range("f3").Select
    End Select

    ' Recuperamos la fecha final a través de DateSerial
    fechaFin = DateSerial(anio, mes + 1, 1)


    ' Asignamos el número de día a cada celda
    xOffset = 0
    For Each cell In Range("A3:G8")
        ' Establecemos el formato y protección
        With cell
            .HorizontalAlignment = xlRight
            .VerticalAlignment = xlTop
            .Font.Size = 18
            .Font.Bold = False
            .Font.color = rgbMidnightBlue
            .RowHeight = 21
            .Locked = True
            .BorderAround Weight:=xlThin, color:=vbBlack
        End With

        ' Si la celda del For es "mayor" que la activa
        If cell.Column >= ActiveCell.Column Or cell.Row > 3 Then
            ' Rellenamos los números de día
            mesActual = Month(DateAdd("d", xOffset, fechaIni))
            If mesActual = Month(fechaFin) Then
                Exit For
```

```
            End If

            cell.Value = Day(fechaIni) + xOffset

            xOffset = xOffset + 1
        End If
    Next cell

    ' Debajo de cada celda añadimos una celda vacía
    ' para que puedan escribir lo que se desee
    For x = 0 To 5
        Range("A4").Offset(x * 2, 0).EntireRow.Insert
        With Range("A4:G4").Offset(x * 2, 0)
            .RowHeight = 65
            .HorizontalAlignment = xlLeft
            .VerticalAlignment = xlTop
            .WrapText = True
            .Font.Size = 10
            .Font.Bold = False
            .Font.color = vbBlack

            .Locked = False
        End With
    Next

    ' Seleccionamos la última celda activa tras
    ' la inserción del número de día y de las
    ' celdas de relleno para agregar datos
    cell.Select

    ' Establecemos bordes a todo el rango usado
    For Each cell In Range("A3:" & "G" & (ActiveCell.Row + 1))
        cell.BorderAround Weight:=xlThin, color:=vbBlack
    Next

    ' Finalmente protegemos la hoja de cáluclo
    ' para que la propiedad Locked surta efecto
    ActiveSheet.Protect DrawingObjects:=True, Contents:=True, Scenarios:=True
End Sub
```

Para activar esta macro, y crear el calendario, lo que deberemos hacer es añadir en la hoja de cálculo un botón. Recordemos que esto se puede hacer desde la pestaña de **Programador**, pulsando en la opción de **Insertar** y, de todos los controles de formulario que aparecen, haciendo clic en el que dice **Botón (control de formulario)**.

El título y nombre del botón puede ser el que más guste, aunque aquí el nombre que usaremos será Crear_Calendario. Tras insertar este nuevo botón, se nos debería abrir una pantalla en la ventana de VBA con ese nombre de macro y, su código, debería ser algo como:

```
Sub Crear_Calendario()
    CalendarMaker
En Sub
```

5.4.12 Macro 37: Rellenar una hoja de Excel con datos extraídos de otros libros

Realizar una macro que, dado un directorio concreto, abra todos los libros de Excel que encuentre y extraiga una determinada información para colocarla en una hoja a modo de resumen.

Para este ejemplo deberemos tener varios archivos con el mismo formato y con los datos en la misma posición o celda. En este caso, y para que no sea muy largo el ejercicio, crearemos 2 archivos con una hoja de cálculo nombrada como "Hoja1".

El primer archivo contendrá los siguientes campos y valores. El archivo se podrá guardar con cualquier nombre, por ejemplo, **prueba1.xlsx**.

	G	H	I	J	K	L	M
2							
3	Fecha de Inicio	F. de Finalización				Título / Descripción	Importe
4	01/01/2021	31/12/2023				Rocío Ros Rodríguez	10 000.00
5							

Y, a continuación, unas filas más abajo, unos parciales y subtotales por año:

	A	B	C	D	E	F	H
11							
12			2021	2022	2023	2024	2025
13		Parcial 1	1 000.00 €	1 000.00 €	1 500.00 €		
14		Parcial 2	2 000.00 €	2 000.00 €	1 500.00 €		
15							
16		Tot. Parcial	4 000.00 €	3 000.00 €	3 000.00 €		

El segundo archivo contendrá los siguientes campos y valores. El archivo se podrá guardar con cualquier nombre, por ejemplo, `prueba2.xlsx`.

◢	G	H	I	J	K	L	M
2							
3	Fecha de Inicio	F. de Finalización				Título / Descripción	Importe
4	01/01/2022	31/12/2025				Seguros PR3	16 000.00
5							

Y, a continuación, unas filas más abajo, unos parciales y subtotales por año:

◢	A	B	C	D	E	F	H
11							
12			2022	2023	2024	2025	2026
13		Parcial 1	9 000.00 €				
14		Parcial 2	7 000.00 €				
15							
16		Tot. Parcial	**16 000.00 €**				

La macro debería generarse en un archivo independiente y producir como resultado algo similar a lo siguiente:

◢	A	B	C	D
1				
2	F. de inicio	F. de finalización	Título / Descripción	Importe
3	01/01/2021	31/12/2024	Rocío Ros Rodríguez	Total: 10.000,00 2021: 4.000,00 € 2022: 3.000,00 € 2023: 3.000,00 €
4	01/01/2022	31/12/2025	Seguros PR3	Total: 16.000,00 2022: 16.600,00 €

Este archivo independiente podrá llamarse como se desee, aunque, en este caso, se puede llamar `resultado.xlsx`. Dentro de este archivo, deberemos tener dos hojas de cálculo. Una denominada "Resumen", que es quien contendrá una tabla con los datos de la ilustración anterior y, otra, denominada "Actualizar", que es quien contendrá el botón que lanzará la macro y el directorio de donde se deben leer los archivos.

Por ejemplo, la hoja de cálculo denominada "Actualizar", podría tener un aspecto similar a:

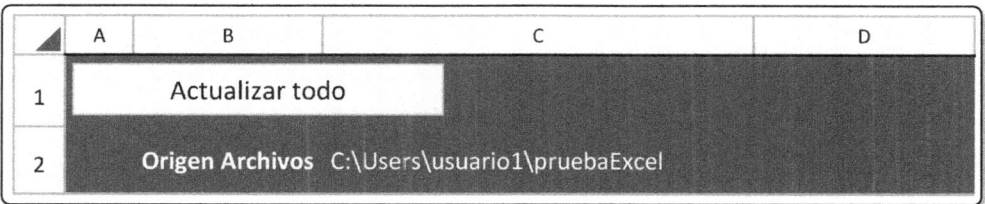

5.4.12.1 SOLUCIÓN

Lo primero que haremos será crear los archivos anteriormente comentados. Es decir, los archivos `prueba1.xlsx` y `prueba2.xlsx` con sus respectivos datos, y crear el archivo destino que hemos denominado `resultado.xlsx` con solamente los nombres de los campos en la fila 2.

A continuación, cambiaremos el nombre de "Hoja1" por "Resumen", pulsaremos en el botón de "Nueva hoja" y, a la nueva hoja añadida, le cambiaremos el nombre por el de "Actualizar.

A esta hoja de cálculo que hemos denominado "Actualizar", le insertaremos un botón a través de la opción de `Insertar` de la pestaña de `Programador` y le asignaremos como nombre de macro `Actualizar Ficha`. Al pulsar en el botón de `Nuevo`, se nos debería abrir el Editor de Visual Basic For Applications con un nuevo módulo llamado `Módulo1` (o muy similar). Aquí, en este módulo, deberemos copiar el siguiente código:

```
Sub Actualizar_Ficha()
    Dim cell As Range, target As Worksheet
    Dim fs As Object, folder As Object, file As Object
    Dim i, r As Long
    Dim app As Application

    Application.ScreenUpdating = False
    Application.StatusBar = "Preparando..."

    Set app = CreateObject("Excel.Application")
    Application.StatusBar = "Importando Datos..."

    Set target = Worksheets("Resumen")
    r = 3

    Set fs = CreateObject("Scripting.FileSystemObject")
```

```
    Set folder = fs.GetFolder(Worksheets("Actualizar").Cells(2, 3))

    target.Range("A3:D1000").Value = ""

    For Each file In folder.Files

        Application.StatusBar = "Importando datos de " & folder & _
                                "\" & file.Name
        Fill app, target, folder & "\" & file.Name, r

        r = r + 1
    Next file

    target.Columns.AutoFit
    target.Columns("D").ColumnWidth = 20

    Application.StatusBar = "Datos importados!"
    Application.ScreenUpdating = True
End Sub

Private Sub Fill(ByVal app, ByVal target, _
                ByVal file As String, ByVal row As Long)
    app.Workbooks.Open file, , True

    target.Cells(row, "A") = app.Worksheets("Hoja1").Cells(4, "G")
    target.Cells(row, "B") = app.Worksheets("Hoja1").Cells(4, "H")
    target.Cells(row, "C") = app.Worksheets("Hoja1").Cells(4, "L")
    target.Cells(row, "D") = "Total: " & _
        Format(app.Worksheets("Hoja1").Cells(4, "M").Value, _
        "#,###.00") & vbCrLf

    For Each cell In app.Worksheets("Hoja1").Range("C12:H12")
        If cell.Offset(1, 0).Value <> "" Then
            target.Cells(row, "D") = Trim(target.Cells(row, "D") & _
                                    cell.Value & ": " & _
                Format(cell.Offset(4, 0).Value, "#,####.00 €") & vbCrLf)
        End If
    Next
    target.Cells(row, "D") = Left(target.Cells(row, "D"), _
                            Len(target.Cells(row, "D")) - 2)

    target.Range("A" & row & ":D" & row).VerticalAlignment = xlVAlignTop

    app.ActiveWorkbook.Close SaveChanges:=False
End Sub
```

6

TRABAJANDO CON EL OBJETO USERFORM

6.1 INTRODUCCIÓN

El objeto `Userform`, también denominado comúnmente formulario Excel o formulario VBA, es un miembro de la colección `Userforms` y es quien da acceso a todos los objetos de este tipo, en este caso, a los cuadros de diálogo que pertenecen a la interfaz de usuario de Excel.

En general se suelen emplear a partir de un botón que se coloca en una de las hojas de cálculo del libro de Excel y con el objetivo de operar con los datos de las tablas de Excel, realizar registros, actualizaciones, borrados u otros tipos de procesamiento o respuesta a eventos.

La razón por la que los usuarios tienden a usar objetos formularios VBA u objetos `Userform` es porque proporcionan una buena forma de interactuar con las macros de Excel a través de cajas de texto, botones, casillas de verificación. botones de opción o listas, entre otros. A continuación, se muestra un ejemplo:

6.2 CREACIÓN Y MANIPULACIÓN DE USERFORMS

Para crear un formulario de Excel debemos ir al `Editor de Visual Basic`, accesible desde la pestaña `Programador`. Una vez allí, deberíamos ir la ventana de Proyecto y hacer clic con el botón derecho del ratón sobre el objeto en donde deseemos insertar nuestro nuevo formulario.

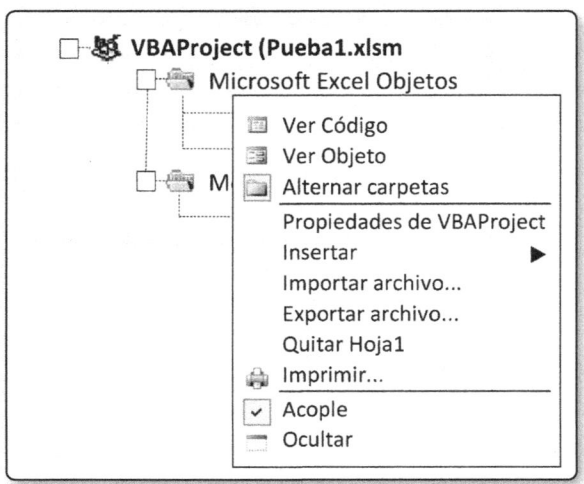

Tras la pulsación del botón derecho del ratón sobre uno de nuestros objetos, deberíamos poder ver un menú contextual como el mostrado en la imagen anterior y poder seleccionar la opción `Userform`, dentro de la opción de `Insertar`.

Al hacer esto deberíamos poder ver un cuadro de diálogo denominado Cuadro de herramientas y un objeto con forma de ventana emergente con bordes redondeados, un botón de cerrar etiquetado como Userform1 o nombre similar:

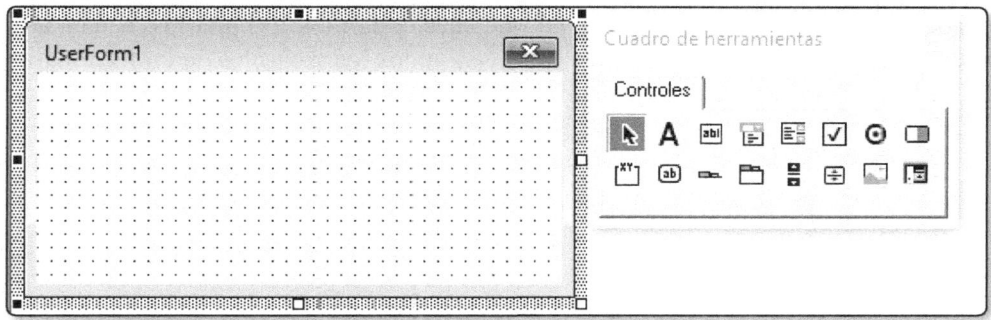

Si nos fijamos en la imagen anterior podemos comprobar que, por defecto, está seleccionada la opción de `Seleccionar objetos`, pero podemos elegir entre otros múltiples.

6.3 ACCEDIENDO A USERFORM Y SUS CONTROLES

Una vez que sabemos cómo crear formularios a través del editor de Visual Basic, es momento de saber cómo acceder al propio objeto, a su código y cómo trabajar con ellos.

Si lo que queremos es ver el diseño del formulario lo que deberemos hacer es ir a la carpeta de `Formularios` dentro de la ventana de `Proyecto`, seleccionar un `UserForm`, pulsar en el botón derecho y seleccionar `Ver objeto`.

Si lo que queremos es ver el código del formulario lo que deberemos hacer es ir a la carpeta de `Formularios` dentro de la ventana de `Proyecto`, seleccionar un `UserForm`, pulsar en el botón derecho y seleccionar `Ver código`.

Pero, ¿cómo accedemos a un determinado formulario? Para conseguir esto sólo deberemos recurrir a su nombre. En el siguiente ejemplo lo que se consigue es que el formulario denominado `UserForm1` se muestre:

```
Set uf = UserForm1
uf.Show
```

Esta llamada sólo funcionará suponiendo que el formulario se llame como se indica previamente, es decir, que su propiedad (Name) sea Userform1 y no hay que confundirla con la propiedad Caption, la cual permite cambiar el título o texto descriptivo superior de nuestro formulario.

¿Y para acceder a los controles de un UserForm? Para conseguir esto se puede recurrir a sus nombres, al igual que sucede con los formularios, o llamar a la propiedad Controls, la cual nos devolverá todos los controles de un formulario dado. En el caso de Userform1, podríamos hacer algo como:

```
Dim c As Control


For Each c In UserForm1.Controls
    MsgBox uf.Name
Next


UserForm1.CommandButton1.Value = True
```

Es importante saber que UserForm es un miembro de la colección UserForms y que pertenece al objeto Object, lo que nos permite utilizar el propio formulario y sus controles como variables. Además, es posible pasar todos los objetos formularios y sus controles como argumentos en otros procedimientos o funciones.

Sin embargo, la "fórmula" para realizar determinadas tareas no siempre será todo lo intuitiva que debería. Esto es, en el código anterior hemos visto que se ha establecido la propiedad Value del CommandButton1 a True. Esto, por raro que parezca, no hace que se establezca un valor de cadena, sino que lo que provoca es que se lance o dispare de manera virtual el evento click.

6.4 PROPIEDADES DE LOS USERFORM

Si pulsamos sobre una de las demás opciones del Cuadro de herramientas y la insertamos en nuestro formulario VBA podremos descubrir que, debajo de la ventana de proyecto, están las propiedades del elemento que acabamos de añadir o seleccionar. Esto es, deberíamos poder ver algo como:

(Name)	UserForm1	^
Accelerator		
AutoSize	False	
BackColor	&H8000000F&	
BackStyle	1 - frmBackStyleOpaque	
Cancel	False	
Caption	Aceptar	
ControlTipText		
Default	False	
Enabled	True	
Font	Tahoma	
ForeColor	&H8000000F&	
Height	30	
HelpContextID	0	
Left	36	
Locked	False	
MouseIcon	(Ninguno)	
MousePointer	0 - frmMousePointerDefault	
Picture	(Ninguno)	∨

Es en esta ventana donde podremos modificar todas las propiedades de los objetos que posee un formulario VBA o `Userform`.

Por ejemplo, en esta tabla de propiedades es donde podemos cambiar el tipo de letra, incluyendo su tamaño y estilos como la cursiva o negrita. Esto lo podremos hacer seleccionando la opción de Font y pulsando en los puntos suspensivos que nos aparecerán a la derecha.

Sin embargo, también podremos cambiar la altura y ancho del elemento, la visibilidad, el puntero del ratón, la imagen asociada, el zoom o algunos efectos especiales.

Cabe destacar que los controles de un formulario no disponen de eventos de activación o desactivación como sucede con los formularios. Para conseguir el efecto de activar o desactivar un control se deberá recurrir a la propiedad `enabled`.

6.5 EVENTOS Y MÉTODOS MÁS COMUNES

6.5.1 Activate

El evento `UserForm_Activate` se ejecuta o produce cuando se muestra un formulario. Esto sucede después de ejecutar el método de `Initialize`.

Este evento no requiere de argumentos.

```
Private Sub UserForm_Activate()
    Dim ctrl As Control

    ' Añadimos el control (esto se verá más adelante)
    Set ctrl = UserForm1.Controls.Add("Forms.CommandButton.1")

    ' Establecemos algunas propiedades
    ctrl.Name = "Aceptar"
    ctrl.Left = 20
    ctrl.Top = 70
    ctrl.Width = 60
    ctrl.Height = 16
    ctrl.Caption = "Aceptar"
    ctrl.BackColor = RGB(0, 0, 0)
    ctrl.ForeColor = RGB(240, 240, 240)
End Sub
```

6.5.2 Add

El método **Add** nos permite agregar o añadir un control a un determinado formulario mediante su identificador programático **ProgID**.

Este método presenta seis argumentos:

Argumento	Opcional	Descripción
Object	No	Indica el objeto donde se va a insertar el nuevo control.
ProgID	No	Indica el identificador o nombre de objeto que se va a añadir. Todos sus posibles valores se mostrarán más adelante.
Caption	Sí	Indica el título o leyenda que se mostrará en el nuevo control. Si no se especifica un valor o nombre el sistema lo generará de forma automática.
Index	Sí	Indica la posición donde se debe agregar el control dentro de un control de páginas o pestañas.
Name	Sí	Indica el nombre del nuevo control. Si no se especifica un valor o nombre el sistema lo generará de forma automática.
Visible	Sí	Indica si el control estará o no visible.

Como se ha comentado antes, el argumento `ProgID` no es otra cosa que el tipo de control que se va a añadir. A continuación, se muestran todos sus posibles valores:

Control	Identificador	Descripción
CheckBox	Forms.CheckBox.1	Permite mostrar el estado de una selección como una casilla de verificación.
ComboBox	Forms.ComboBox.1	Permite seleccionar elementos con la posibilidad de escribir o añadir un nuevo valor.
CommandButton	Forms.CommandButton.1	Permite ejecutar acciones tras la pulsación de un botón.
Frame	Forms.Frame.1	Permite crear un marco para agrupar controles funcionales y visuales.
Image	Forms.Image.1	Permite mostrar una imagen. Los posibles formatos son BMP, CUR, GIF, ICO, JPEG, y WMF.
Label	Forms.Label.1	Permite mostrar una etiqueta o texto descriptivo.
ListBox	Forms.ListBox.1	Permite seleccionar elementos SIN la posibilidad de escribir o añadir un nuevo valor.
MultiPage	Forms.MultiPage.1	Permite mostrar la información agrupada por pantallas como un único conjunto. Esto también sirve para categorizar conjuntos de datos.
OptionButton	Forms.OptionButton.1	Permite mostrar el estado de una selección como un botón de radio.
ScrollBar	Forms.ScrollBar.1	Permite devolver o establecer el valor de otro control basándose en la posición de un control de cuadro de desplazamiento.
SpinButton	Forms.SpinButton.1	Permite incrementar / disminuir números.

`TabStrip`	Forms.TabStrip.1	Permite presentar o agrupar un conjunto de datos a modo de pestañas.
`TextBox`	Forms.TextBox.1	Permite mostrar información a modo de cajas de texto.
`ToggleButton`	Forms.ToggleButton.1	Permite mostrar el estado de una selección como un botón de interruptor. Este es muy típico para valores excluyentes como son Sí/No, Verdadero/Falso o Activado/Desactivado.

Un ejemplo de uso podría ser:

```
Dim ctrl As Control

' Añadimos el control
Set ctrl = UserForm1.Controls.Add("Forms.Label.1")

' Establecemos algunas propiedades
ctrl.Name = "LabelResultado"
ctrl.Left = 18
ctrl.Top = 55
ctrl.Width = 72
ctrl.Height = 18
ctrl.Caption = "Nombre"
ctrl.BackColor = RGB(200, 200, 200)
ctrl.ForeColor = RGB(0, 0, 0)
```

6.5.3 AddControl

El evento `UserForm_AddControl` se ejecuta o produce justo después de que se inserte un control en un formulario.

Este método presenta un único argumento obligatorio:

Argumento	Opcional	Descripción
`Control`	No	Es de tipo `Control` e indica el control que se insertó.

Un ejemplo de uso podría ser:

```
Private Sub UserForm_AddControl(ByVal Control As MSForms.Control)
    LabelResultado.Caption = "El control fue añadido."
End Sub
```

6.5.4 Click

El evento `Click` es utilizable tanto para los formularios (objetos `UserForm`), como para los controles.

Este evento no requiere de argumentos.

```
Private Sub UserForm_Click()
    ' Instrucciones a ejecutar
End Sub


Private Sub CommandButton1_Click()
    ' Instrucciones a ejecutar
End Sub
```

6.5.5 DblClick

El evento `DblClick` es como el evento Click, es decir, es utilizable tanto para los formularios (objetos `UserForm`), como para los controles.

Sin embargo, este evento presenta un posible argumento:

Argumento	Opcional	Descripción
`Cancel`	Sí	Es de tipo `MSForms.ReturnBoolean` e indica si el control debe administrar el evento o no. Si su valor es `True`, será la aplicación quien administre el vento. Por defecto es `False`.

Unos ejemplos de uso podrían ser:

```
Private Sub UserForm_DblClick(ByVal Cancel As _
                          MSForms.ReturnBoolean)
    ' Instrucciones a ejecutar
End Sub


Private Sub CommandButton1_DblClick(ByVal Cancel As _
                            MSForms.ReturnBoolean)
    ' Instrucciones a ejecutar
End Sub
```

6.5.6 Deactivate

El evento `UserForm_Deactivate` se ejecuta o produce cuando se oculta un formulario.

Este evento no requiere de argumentos.

```
Private Sub UserForm_Deactivate()
    ' Instrucciones a ejecutar
End Sub
```

6.5.7 Error

El evento Error se ejecuta o produce cuando un control detecta un error y no puede devolver la información del error. Aunque la capacidad para controlar errores, a veces, depende de las propias circunstancias, es importante saber que, de producirse, se disparará cuando la aplicación no esté preparada para manejar dicho error.

Este evento presenta siete argumentos obligatorios:

Argumento	Opcional	Descripción
Number	No	Es de tipo $Integer$ y especifica un valor único usado para identificar el error.
Description	No	Es de tipo $MSForms.ReturnString$ y especifica la descripción textual del error.
SCode	No	Es de tipo $Long$ y especifica el código de estado OLE del error.
Source	No	Es de tipo $String$ y especifica qué control inició el evento.
HelpFile	No	Es de tipo $String$ y especifica el nombre del archivo de ayuda que describe el error.
HelpContext	No	Es de tipo $Long$ y especifica el ID contextual del tema que contiene la descripción del error.
CancelDisplay	No	Es de tipo $MSForms.ReturnBoolean$ e indica si se debe mostrar el error en un cuadro de mensaje.

Un ejemplo de uso podría ser:

```
Private Sub UserForm_Error(ByVal Number As Integer, _
                           ByVal Description As MSForms.ReturnString, _
                           ByVal SCode As Long, _
                           ByVal Source As String, _
                           ByVal HelpFile As String, _
                           ByVal HelpContext As Long, _
                           ByVal CancelDisplay As MSForms.ReturnBoolean)
    ' Instrucciones a ejecutar
End Sub
```

6.5.8 Initialize

El evento `UserForm_Initialize` se ejecuta o produce antes de realizar cualquier otra cosa, incluso antes de que se muestre en pantalla y, por tanto, antes de que se ejecute el método de `Activate`.

Este evento no requiere de argumentos.

```
Private Sub UserForm_Activate()
    ' Instrucciones a ejecutar
End Sub
```

6.5.9 Hide

El método `Hide` nos permite ocultar un formulario u objeto `UserForm`.

Este evento no requiere de argumentos:

```
UserForm1.Hide
```

6.5.10 KeyDown y KeyUp

Los eventos `KeyDown` y `KeyUp` se ejecutan o producen cuando se presiona o suelta, respectivamente, una tecla o combinación de ellas mientras el formulario o control tiene el foco. No obstante, también pueden lanzarse si envía una pulsación de tecla ANSI a través del método `SendKeys` en una macro o procedimiento.

Ambos eventos son válidos tanto para formularios como para los controles que los contienen y presentan dos argumentos obligatorios:

Argumento	Opcional	Descripción
KeyCode	No	Es de tipo $MSForms.ReturnInteger$ e indica el código interno de tecla o clave que se pulsó o envió y es equivalente a los códigos proporcionados por VBA como $vbKeyHome$ o $vbKeyF1$.
Shift	No	Es de tipo $Integer$ e indica el estado de las teclas Mayús., Ctrl y Alt.

Un ejemplo de uso podría ser:

```
' Para controlar un evento KeyDown
Private Sub TextBox1_KeyDown(ByVal KeyCode As MSForms.ReturnInteger, _
                        ByVal Shift As Integer)
    If (Shift And acShiftMask) > 0 Then
        MsgBox "La tecla Mayús. fue presionada"
    End If

    If (Shift And acAltMask) > 0 Then
        MsgBox "La tecla Alt fue presionada"
    End If

    If (Shift And acCtrlMask) > 0 Then
        MsgBox "La tecla Ctrl fue presionada"
    End If
End Sub


' Para controlar un evento KeyUp
Private Sub TextBox2_KeyUp(ByVal KeyCode As MSForms.ReturnInteger, _
                        ByVal Shift As Integer)
    If (Shift And acShiftMask) > 0 Then
        MsgBox "La tecla Mayús. fue presionada"
    End If

    If (Shift And acAltMask) > 0 Then
        MsgBox "La tecla Alt fue presionada"
    End If

    If (Shift And acCtrlMask) > 0 Then
        MsgBox "La tecla Ctrl fue presionada"
    End If
End Sub
```

6.5.11 KeyPress

El evento **KeyPress** se ejecuta o produce cuando se presiona y suelta una tecla o combinación de ellas mientras el formulario o control tiene el foco. No obstante, también puede lanzarse si envía una pulsación de tecla ANSI a través del método **SendKeys** en una macro o procedimiento.

Es válido tanto para formularios como para los controles que los contienen y presenta un único argumento obligatorio:

Argumento	Opcional	Descripción
KeyAscii	No	Es de tipo **MSForms.ReturnInteger** e indica el código de tecla ANSI que se pulsó o envió.

Un ejemplo de uso podría ser:

```
Private Sub TextBox1_KeyPress(ByVal KeyAscii As MSForms.ReturnInteger)
    MsgBox "La tecla pulsada es " && Chr(KeyAscii)
End Sub
```

6.5.12 Load y Unload

Las declaraciones o métodos **Load** y **Unload** permiten cargar un objeto en memoria (sin mostrarlo) y eliminar un objeto de la memoria, respectivamente.

Ambas declaraciones o métodos no requieren de argumentos.

```
Unload UserForm1
Load USerForm2
```

6.5.13 MouseDown, MouseMove y MouseUp

Los eventos **MouseDown**, **MouseUp** y **MouseMove** se ejecutan o producen cuando se presiona, suelta o mueve el puntero del ratón, respectivamente.

Los tres eventos son válidos tanto para formularios como para los controles que los contienen y presentan cuatro argumentos obligatorios:

Argumento	Opcional	Descripción
Button	No	Es de tipo $Integer$ e indica el botón que desencadenó el evento. Para averiguar qué botón corresponde al valor devuelto se puede recurrir a usar las máscaras $acLeftButton$, $acRightButton$ y $acMiddleButton$.
Shift	No	Es de tipo $Integer$ e indica el estado de las teclas Mayús., Ctrl y Alt.
X	No	Es de tipo $Single$ e indica la coordenada X dónde se lanzó o desencadenó el evento.
Y	No	Es de tipo $Single$ e indica la coordenada X dónde se lanzó o desencadenó el evento.

Un ejemplo de uso podría ser:

```
Private Sub TextBox1_MouseUp(ByVal Button As Integer, _
                            ByVal Shift As Integer, _
                            ByVal X As Single, _
                            ByVal Y As Single)
    If Button = acLeftButton Then
        MsgBox "Se presionó el boón izquierdo del ratón"
    End If

    If Button = acRightButton Then
        MsgBox "Se presionó el boón derecho del ratón"
    End If

    If Button = acMiddleButton Then
        MsgBox "Se presionó la rueda del ratón"
    End If
End Sub
```

6.5.14 PrintForm

El método $PrintForm$ nos permite enviar la imagen de un formulario u objeto $UserForm$ a la impresora.

Este método no requiere de argumentos.

```
Private Sub CommandButton3_Click()
    UserForm1.PrintForm
End Sub
```

6.5.15 QueryClose

El evento `QueryClose` se ejecuta o produce justo antes de que se cierre un formulario u objeto `UserForm`.

Este evento presenta dos argumentos obligatorios:

Argumento	Opcional	Descripción
Cancel	No	Es de tipo `Integer` e indica si se debe continuar con el evento o no. Si el valor es distinto de 0, se detendrá el evento `QueryClose` e impedirá que se cierren todos los objetos `UserForm` y la aplicación.
CloseMode	No	Es de tipo `Integer` e indica lo que causó el evento. Entre sus posibles valores podemos encontrar:

Constante	Valor	Descripción
vbFormControlMenu	0	Alguien solicitó la acción de Cerrar en el menú Control de un `UserForm`.
vbFormCode	1	Alguien solicitó la acción de `Unload`.
vbAppWindows	2	Windows está finalizando o cerrándose.
vbAppTaskManager	3	El Administrador de tareas de Windows está cerrando la aplicación.

Un ejemplo de uso podría ser:

```
Private Sub UserForm_QueryClose(Cancel As Integer, CloseMode As Integer)
    ' Impedimos que se pueda cerrar con el botón de la barra de título.
    If CloseMode <> 1 Then Cancel = 1
    MsgBox "El botón de cerrar el formulario está deshabilitado"
End Sub
```

6.5.16 Resize

El evento **Resize** se ejecuta o produce cuando el tamaño de un formulario u objeto **UserForm** cambia.

Este evento no requiere de argumentos.

```
Private Sub UserForm_Resize()
    ' Mostramos un mensaje con el nuevo tamaño.
    MsgBox "El nuevo tamaño es: " & UserForm.Height & "x" & UserForm.Width
End Sub
```

6.5.17 RemoveControl

El evento **UserForm_RemoveControl** se ejecuta o produce cuando se borra o elimina un control en un formulario.

Este método presenta un único argumento obligatorio:

Argumento	Opcional	Descripción
Control	No	Es de tipo **Control** e indica el control que se eliminó.

Un ejemplo de uso podría ser:

```
Private Sub UserForm_RemoveControl(ByVal Control As MSForms.Control)
    MsgBox "El control fue eliminado del formulario"
End Sub
```

6.5.18 Scroll

El evento **UserForm_Scroll** se ejecuta o produce cuando se actualiza o ajusta la posición de una barra de desplazamiento.

Este método presenta seis argumentos obligatorios:

Argumento	Opcional	Descripción
ActionX	No	Es de tipo $MSForms.fmScrollAction$ e indica la acción que se produjo en dirección horizontal. Si el valor es 0 es que no se produjeron cambios.
ActionY	No	Es de tipo $MSForms.fmScrollAction$ e indica la acción que se produjo en dirección vertical. Si el valor es 0 es que no se produjeron cambios.
RequestDx	No	Es de tipo $Single$ e indica la distancia en puntos que se desea que la barra de desplazamiento se mueva en la dirección horizontal.
RequestDy	No	Es de tipo $Single$ e indica la distancia en puntos que se desea que la barra de desplazamiento se mueva en la dirección vertical.
ActualDx	No	Es de tipo $MSForms.ReturnSingle$ e indica la distancia en puntos que la barra de desplazamiento se movió o recorrió en la dirección horizontal.
ActualDy	No	Es de tipo $MSForms.ReturnSingle$ e indica la distancia en puntos que la barra de desplazamiento se movió o recorrió en la dirección vertical.

Un ejemplo de uso podría ser:

```
Private Sub UserForm_RemoveControl(ByVal Control As MSForms.Control)
    MsgBox "El control fue eliminado del formulario"
End Sub
```

6.5.19 Show

El método **Show** nos permite mostrar un formulario u objeto **UserForm**.

Este evento no requiere de argumentos:

```
UserForm1.Show
```

6.5.20 Terminate

El evento `Terminate` se ejecuta o produce cuando todas las referencias y variables de un formulario u objeto `UserForm` se establecen a `Nothing` o salen del ámbito.

Este evento no requiere de argumentos.

```
Private Sub UserForm_Terminate()
    ' Instrucciones a ejecutar
End Sub
```

6.6 EJEMPLOS PRÁCTICOS

6.6.1 Macro 38: Crear un diálogo emergente personalizado

Realizar un formulario sencillo que permita establecer un título y mensaje personalizado, junto con un botón de aceptar, y que se muestre al llamarlo por una macro que recibirá por parámetro los valores.

Para este ejemplo usaremos una macro que se llamará mostrarError y recibirá, como argumentos, dos String. Uno que se corresponderá con el título de advertencia y otro que será el mensaje de error.

En concreto, debería mostrar algo como:

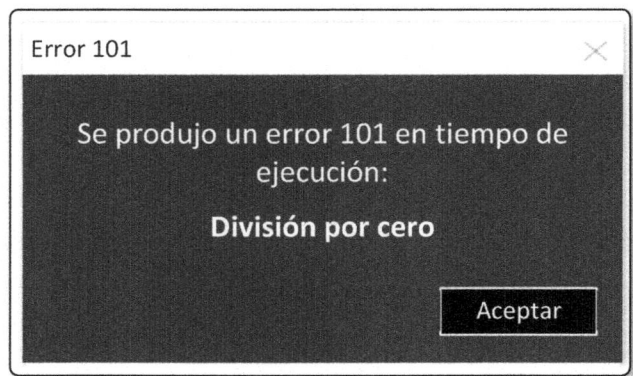

6.6.1.1 SOLUCIÓN

Para crear este primer formulario, lo primero que deberemos hacer es ir al **Editor de Visual Basic**, localizado en la pestaña **Programador** y, una vez allí, ir a la ventana de **Proyecto** y hacer clic con el botón derecho del ratón sobre el objeto en donde deseemos insertar nuestro nuevo formulario. Finalmente, elegiremos la opción de **UserForm**.

Una vez que tengamos el formulario en nuestra lista de formularios de la ventana de Proyecto, lo siguiente que haremos es renombrar la propiedad (Name) a **ErrorDialog**.

A continuación, deberemos añadir, al formulario que hemos denominado "ErrorDialog", dos elementos de formulario de tipo etiqueta, disponibles desde el cuadro de herramientas que aparece cuando seleccionamos el formulario.

A la primera etiqueta le cambiaremos el nombre de Label1 a **Mensaje1** y, a la segunda, le cambiaremos el nombre de Label2 a **Mensaje2**, ambos cambios en la propiedad **(Name)**. Una vez ya hayamos asignado los nombres a las etiquetas, nos iremos a la ventana de **Propipedades** y, habiéndolas seleccionado previamente, pulsaremos en la opción de **ForeColor** y elegiremos la opción que pone **Resalte de texto**, lo que hará, o debería hacer, que los textos se pongan en blanco.

Ahora, para que el formulario obtenga el color rojo que deseamos, lo que haremos es ir a la ventana de **Proyecto** y hacer clic con el botón derecho del ratón sobre nuestro formulario y pulsar la opción de **Ver código**.

En ese momento se nos mostrará una pantalla en blanco en la que podremos añadir el siguiente código:

```
Private Sub UserForm_Activate()
    ErrorDialog.BackColor = RGB(192, 0, 0)
    ErrorDialog.Mensaje1.BackColcr = RGB(192, 0, 0)
    ErrorDialog.Mensaje2.BackColor = RGB(192, 0, 0)
End Sub
```

En teoría, con este código, lo que conseguiremos es que, cada vez cue se active el formulario, se establezca un color de fondo rojo intenso tanto para el formulario como para los elementos de tipo etiqueta, lo que provocará, además, que el texto en blanco se vuelva legible.

Ahora sólo nos queda crear la macro que asignará los valores que deseemos y lo muestre en pantalla. Para ello, nos iremos a la ventana de **Propiedades** y seleccionaremos el **Módulo 1**.

 NOTA

Si, por lo que fuese, este módulo no estuviese creado, lo que deberemos hacer es ir a la ventana de **Proyecto**, hacer clic con el botón derecho del ratón sobre la carpeta **Módulos**, elegir la opción de **Insertar** y, justo, a continuación, pulsar en **Módulo**.

```
Sub MostrarErrorDePrueba()
    showErrorDialog "Error 101", _
                    "Se produjo un error 101 en tiempo de ejecución:", _
                    "División por cero"

End Sub

Sub showErrorDialog(ByVal title, msg1, msg2 As String)
    ErrorDialog.Caption = title
    ErrorDialog.Mensaje1 = msg1
    ErrorDialog.Mensaje2 = msg2

    ErrorDialog.Show
End Sub
```

6.6.2 Macro 39: Crear el formulario de una calculadora básica: parte 1

Realizar un formulario sencillo que contenga todo lo necesario para realizar las operaciones básicas de suma, resta, multiplicación y división. El resultado debería ser algo así:

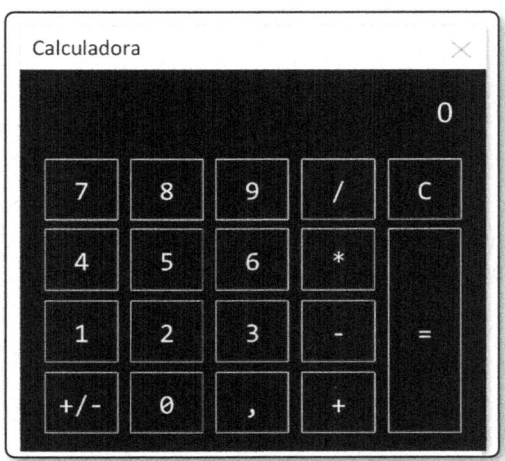

6.6.2.1 SOLUCIÓN

Para realizar este formulario, que llamaremos `Calculadora`, necesitaremos una etiqueta para mostrar el resultado, 10 botones para los números, 4 botones para las operaciones básicas sumar, restar, multiplicar y dividir, un botón para poner o reestablecer el valor a cero y otro para realizar el cálculo, que es el que tiene el símbolo de igualdad.

Si se desea, ya que no es necesario, a los botones se les podrá asignar una propiedad (`Name`) acorde con su acción o condición, por ejemplo, al botón de "+" lo podríamos llamar `Sumar` o `Add`.

```
Private Sub WorkBook_SheetSelectionChange(ByVal Sh As Object, _
                                    ByVal Target As Excel.Range)
    convertUpperCase ("U")
End Sub
```

6.6.3 Macro 40: Crear un formulario simple de registro por código

Realizar una macro que solicite los campos de Nombre, Primer Apellido. Segundo Apellido y Teléfono y los inserte en una tabla de la hoja1 del libro. Para ello, nos valdremos de un botón que diga "Añadir Nuevo".

Dado que se trata de aprender y manejar formularios, en esta ocasión lo que haremos es crear un `UserForm` través del Editor VBA y dejarlo vacío. Una vez creado, añadiremos los controles necesarios en tiempo de ejecución. El resultado de este proceso debería ser algo como:

6.6.3.1

Al pulsar en el botón de Añadir, lo que se debería ver es algo como:

◢	A	B	C	D	E	F	G
1							
2		Tabla de nombres					Añadir Nuevo
3		Nombre	Apellido 1	Apellido 2	Teléfono		
8		Marta	Ros	García	699.999.192		
11		Pablo	Fernández	Casado	600.100.200		
16							

6.6.3.2 SOLUCIÓN

Lo primero que deberemos hacer es ir al `Editor de Visual Basic`, localizado en la pestaña **Programador** y, una vez allí, ir la ventana de **Proyecto** y hacer clic con el botón derecho del ratón sobre el objeto en donde deseemos insertar nuestro nuevo formulario. Finalmente, elegiremos la opción de `UserForm`.

Una vez que tengamos el formulario creado nos vamos a la hoja de cálculo y tras seleccionar la pestaña de **Programador**, pulsaremos en la opción de `Insertar` y, de todos los controles de formulario que aparecen, haremos clic en el que dice o indica **Botón (control de formulario)**.

En el nuevo diálogo emergente donde nos solicita el "Nombre de la macro", lo que podremos es **AñadirNuevo** y pulsaremos en el botón de **Nuevo**.

En la nueva ventana que nos aparece deberemos insertar el siguiente código:

```
Sub AñadirNuevo()
    UserForm3.Show
End Sub
```

Y, ahora, nos vamos a la sección de Ver código del `UserForm` que hayamos creado (suponemos `UserForm1`) y añadimos el siguiente código:

```
Public WithEvents AddBtn As MSForms.CommandButton
Public WithEvents CancelBtn As MSForms.CommandButton

Dim ctrl As Control
```

```
Private Sub UserForm_Initialize()
    With UserForm1
        .Width = 306
        .Height = 230
        .Caption = "Petición de Registro"
    End With

    ' Establecemos el título
    Set ctrl = UserForm1.Controls.Add("Forms.Label.1")
    With ctrl
        .Name = "Title"
        .Left = 0
        .Top = 12
        .Width = 294
        .Height = 30
        .Caption = "Formulario de Registro"
        .BackColor = RGB(240, 240, 240)
        .ForeColor = RGB(0, 0, 0)
        .Font.Name = "Calibri"
        .Font.Size = 18
        .Font.Bold = True
        .TextAlign = fmTextAlignCenter
    End With

    ' Establecemos la etiqueta para "Nombre"
    Set ctrl = UserForm1.Controls.Add("Forms.Label.1")
    With ctrl
        .Name = "NameLbl"
        .Left = 12
        .Top = 61
        .Width = 72
        .Height = 18
        .Caption = "Nombre"
        .BackColor = RGB(240, 240, 240)
        .ForeColor = RGB(0, 0, 0)
        .Font.Name = "Calibri"
        .Font.Size = 12
    End With

    ' Establecemos la caja de texto para "Nombre"
    Set ctrl = UserForm1.Controls.Add("Forms.TextBox.1")
    With ctrl
        .Name = "NameTxt"
        .Left = 96
        .Top = 60
```

```
        .Width = 186
        .Height = 18
        .Font.Name = "Calibri"
        .Font.Size = 12
    End With

    ' Establecemos la etiqueta para "Apellido 1"
    Set ctrl = UserForm1.Controls.Add("Forms.Label.1")
    With ctrl
        .Name = "FirstSurnameLbl"
        .Left = 12
        .Top = 85
        .Width = 72
        .Height = 18
        .Caption = "Apellido 1"
        .BackColor = RGB(240, 240, 240)
        .ForeColor = RGB(0, 0, 0)
        .Font.Name = "Calibri"
        .Font.Size = 12
    End With

    ' Establecemos la caja de texto para "Apellido 1"
    Set ctrl = UserForm1.Controls.Add("Forms.TextBox.1")
    With ctrl
        .Name = "FirstSurnameTxt"
        .Left = 96
        .Top = 84
        .Width = 186
        .Height = 18
        .Font.Name = "Calibri"
        .Font.Size = 12
    End With

    ' Establecemos la etiqueta para "Apellido 2"
    Set ctrl = UserForm1.Controls.Add("Forms.Label.1")
    With ctrl
        .Name = "LastSurnameLbl"
        .Left = 12
        .Top = 109
        .Width = 72
        .Height = 18
        .Caption = "Apellido 2"
        .BackColor = RGB(240, 240, 240)
        .ForeColor = RGB(0, 0, 0)
        .Font.Name = "Calibri"
```

```
        .Font.Size = 12
End With


' Establecemos la caja de texto para "Apellido 2"
Set ctrl = UserForm1.Controls.Add("Forms.TextBox.1")
With ctrl
    .Name = "LastSurnameTxt'
    .Left = 96
    .Top = 108
    .Width = 186
    .Height = 18
    .Font.Name = "Calibri"
    .Font.Size = 12
End With


' Establecemos la etiqueta para "Teléfono"
Set ctrl = UserForm1.Controls.Add("Forms.Label.1")
With ctrl
    .Name = "PhoneLbl"
    .Left = 12
    .Top = 133
    .Width = 72
    .Height = 18
    .Caption = "Teléfono"
    .BackColor = RGB(240, 240, 240)
    .ForeColor = RGB(0, 0, 0)
    .Font.Name = "Calibri"
    .Font.Size = 12
End With


' Establecemos la caja de texto para "Teléfono"
Set ctrl = UserForm1.Controls.Add("Forms.TextBox.1")
With ctrl
    .Name = "PhoneTxt"
    .Left = 96
    .Top = 132
    .Width = 186
    .Height = 18
    .Font.Name = "Calibri"
    .Font.Size = 12
End With


' Establecemos el botón para la acción de "Añadir"
Set AddBtn = UserForm1.Controls.Add("Forms.CommandButton.1")
With AddBtn
```

```
        .Name = "AddBtn"
        .Left = 180
        .Top = 156
        .Width = 96
        .Height = 24
        .Caption = "Añadir"
        .Font.Name = "Calibri"
        .BackColor = RGB(220, 220, 220)
        .Font.Size = 12
        .Font.Bold = True
    End With


    ' Establecemos el botón para la acción de "Cancelar"
    Set CancelBtn = UserForm1.Controls.Add("Forms.CommandButton.1")
    With CancelBtn
        .Name = "CancelBtn"
        .Left = 12
        .Top = 156
        .Width = 96
        .Height = 24
        .Caption = "Cancelar"
        .Font.Name = "Calibri"
        .BackColor = RGB(220, 220, 220)
        .Font.Size = 12
    End With
End Sub

Sub setStyle(ByVal cell As Range)
    With cell
        .Borders.Weight = 2
        .Borders.Color = vbBlack
        .Font.Color = vbBlack
        If ActiveCell.Row Mod 2 = 0 Then
            .Interior.Color = RGB(240, 240, 240)
        End If
    End With
End Sub

Private Sub AddBtn_Click()
    Dim initCell As Range

    Set initCell = Sheets("Hoja1").Range("B2")
        initCell.Activate
```

```
        Do Until IsEmpty(ActiveCell) Or ActiveCell = ""
            ActiveCell.Offset(1, 0).Activate
        Loop

        With ActiveCell
            .Value = UserForm1.Controls.Item("NameTxt")
            setStyle ActiveCell
        End With

        With ActiveCell.Offset(0, 1)
            .Value = UserForm1.Controls.Item("FirstSurnameTxt")
            setStyle ActiveCell.Offset(0, 1)
        End With

        With ActiveCell.Offset(0, 2)
            .Value = UserForm1.Controls.Item("LastSurnameTxt")
            setStyle ActiveCell.Offset(0, 2)
        End With

        With ActiveCell.Offset(0, 3)
            .Value = UserForm1.Controls.Item("PhoneTxt")
            setStyle ActiveCell.Offset(0, 3)
        End With
    End Sub

Private Sub CancelBtn_Click()
    UserForm1.Hide
End Sub
```

Si nos fijamos al principio del código anterior, podremos observar que se han utilizado dos declaraciones con las palabras reservadas `Public` y `WithEvents`.

La razón de por qué se deben poner esas declaraciones es para que los botones de añadir y cancelar que se añaden dinámicamente puedan tener los eventos declarados y funcionales. Si no pusiéramos esas declaraciones cualquier botón que añadiésemos dinámicamente no tendría evento alguno y no se ejecutaría ningún evento ni macro, aunque estuviesen definidas previamente.

Este es uno de los límites que tiene la creación dinámica de formularios, que para que los controles que añadimos a través del método `Add` tengan interacción necesitan ser definidos previamente como referencias públicas con eventos y con un nombre específico, en este caso `AddBtn` y `CancelBtn`.

6.6.4 Macro 41: Crear un formulario de acceso con usuario y contraseña

Crear un formulario de acceso simple con una imagen, una caja de texto para ingresar el usuario y una caja de texto para ingresar la contraseña. Después, realizar una macro que haga que se muestre el formulario al cargar el archivo de Excel y nos solicite los datos para ver su contenido.

Eso sí, antes de mostrar el formulario deberá ocultar todas las hojas del libro de manera automática y no dejar nada, es decir, estar protegido con la contraseña que nos han proporcionado.

Un ejemplo del formulario podría ser:

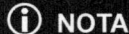 NOTA

La imagen está sacada de Pixabay. Se puede descargar en la URL *https://pixabay.com/illustrations/candado-archivos-las-contraseñas-3998764/.*

Dado que Excel no acepta archivos PNG, si se desea poner esta imagen, lo que se deberá es descargarla, abrirla con un editor de imágenes, ponerle el fondo de color gris claro (correspondiente al gris de cara del botón, según el editor de VBA) y, finalmente, añadirla al formulario como un BMP o JPEG. No obstante, se puede usar cualquier imagen que se desee mientras cumpla los requisitos de Excel VBA.

6.6.4.1 SOLUCIÓN

Una vez que hayamos creado con el Editor de VBA de Excel el formulario, lo único que tendremos que hacer es añadir tres eventos en la parte de código del formulario, en este caso, `UserForm2` y otro en la sección de `ThisWorkbook`.

Código dentro de `ThisWorkbook`:

```
Private Sub Workbook_Open()
    Application.Visible = False
    UserForm2.Show
End Sub
```

Código dentro de `UserForm2`:

```
Private Sub UserForm_QueryClose(Cancel As Integer, CloseMode As Integer)
    ' Si el usuario pulsó el botón de cerrar del título
    If CloseMode = vbFormControlMenu Then
        Application.Quit
    End If
End Sub

Private Sub LoginBtn_Click()
    If UserTxt <> "admin" And PasswordTxt <> "pwd2023." Then
        MsgBox ("Acceso incorrecto"), vbExclamation, "Cerrar"
    Else
        ' Mostramos la aplicación y ocultamos el formulario de Login
        Application.Visible = True
        UserForm2.Hide
    End If
End Sub

Private Sub CancelBtn_Click()
    Application.Quit
End Sub
```

6.6.5 Macro 42: Crear un formulario para asignar formatos condicionales

Crear un formulario que nos permita añadir nuevos formatos condicionales para una celda o rango de ellas. Después, en base a ese formulario, crear la macro que asigne los formatos condicionales solicitados.

Aunque existen múltiples tipos, para este ejemplo, sólo permitiremos los tipos de valores constantes y expresiones. Por tanto, el formulario debería tener un aspecto y/o forma similar al siguiente:

Una vez que hayamos diseñado un formulario como el expuesto, lo que deberemos hacer es crear una macro que, con los valores que insertemos, asigne la regla solicitada a las celdas seleccionadas.

6.6.5.1 SOLUCIÓN

Para crear el formulario, después de insertar un nuevo objeto `UserForm` que llamaremos `UserForm3`, lo que deberemos hacer es recurrir a un control de `RefEdit` para la selección de las celdas o rangos y un `combobox` para los operadores. Lo demás no son más que botones, etiquetas y cuadros de texto.

Para rellenar los valores de nuestro `combobox`, lo que deberemos hacer es insertar, en la parte del código del UserForm3 que acabamos de crear, el siguiente código:

```
Private Sub UserForm_Activate()
    Operator.AddItem "xlBetween"
    Operator.AddItem "xlNotBetween"
    Operator.AddItem "xlEqual"
```

```
    Operator.AddItem "xlNotEqual"
    Operator.AddItem "xlGreater"
    Operator.AddItem "xlLess"
    Operator.AddItem "xlGreaterEqual"
    Operator.AddItem "xlLessEqual"
    Operator.AddItem "xlBlanksCondition"
End Sub
```

Con esto, cada vez que se active el formulario, se insertarán sus posibles valores en el **combobox** para que el usuario pueda elegir el que más le conviene.

Ahora, para seleccionar los colores de fondo y texto, deberemos insertar en la misma pantalla que el código anterior, el siguiente código:

```
' Evento clic para seleccionar el color de fondo
Private Sub BackColorBtn_Click()
    Dim color As Variant

    ' Mostramos y recuperamos el color de la paleta de colores
    Application.Dialogs(xlDialogEditColor).Show 1, 255, 0, 0
    BackColorTxt.BackColor = ActiveWorkbook.Colors(1)
End Sub

' Evento clic para seleccionar el color del texto
Private Sub ForeColorBtn_Click()
    Dim color As Variant

    ' Mostramos y recuperamos el color de la paleta de colores
    Application.Dialogs(xlDialogEditColor).Show 1, 255, 255, 255
    ForeColorTxt.BackColor = ActiveWorkbook.Colors(1)
End Sub
```

Y, finalmente, definiremos la funcionalidad del botón de añadir nueva regla y la funcionalidad del botón de Cancelar o Salir. A continuación, se muestran ambas funcionalidades dentro de sus eventos clic.

```
' Evento clic para aplicar la regla solicitada
Private Sub addRuleBtn_Click()
    Dim celdas As Range
    Dim tipo As Long

    Set celdas = Range(CellRange.Value)

    ' Para que no haya errores no deseados,
    ' eliminamos todo formato condicional previo
    celdas.FormatConditions.Delete
```

```
If TypeCellValue Then
    tipo = 1
Else
    tipo = 2
End If

If tipo = 2 Then
    ' Si tipo es 2, entonces es que se ha definido una expresión
    celdas.FormatConditions.Add Type:=tipo, _
                               Formula1:=Formula1.Value
Else
    ' Si tipo es 1, entonces estamos ante un valor entre o fijo
    If Operator.ListIndex > 2 Then
        ' Si el índice seleccionado del combobox es mayor que 2,
        ' significa que NO es un intervalo y sólo usamos Formula1
        celdas.FormatConditions.Add Type:=tipo, _
                                   Operator:=Operator.SelStart, _
                                   Formula1:=Formula1.Value
    Else
        ' Si el índice seleccionado del combobox es mayor que 2,
        ' significa que es un intervalo y usamos Formula1 y Formula2
        celdas.FormatConditions.Add Type:=tipo, _
                                   Operator:=Operator.ListIndex, _
                                   Formula1:=Formula1.Value, _
                                   Formula2:=Formula2.Value
    End If
End If
End Sub

' Evento clic para cerrar el diálogo de creación de reglas
Private Sub CancelBtn_Click()
    UserForm3.Hide
End Sub
```

6.6.6 Macro 43: Descargar de la nube 1: URLDownloadToFile y Google Drive

Aunque no se ha visto nada de este tema hasta ahora, es interesante saber cómo descargar archivos de la nube. Esta necesidad se debe, primero, por el gran aumento de interacción con los servicios de alojamiento remoto y, segundo, por las nuevas necesidades de los usuarios.

Sin embargo, hay que tener presente que la descarga desde servicios de alojamiento puede no llegar a funcionar si los derechos de acceso no están bien establecidos o configurados.

En el caso de Google Drive, necesitaremos que el archivo tenga habilitada la opción de compartir y, una vez hecho eso, recuperar el identificador único que se encuentra declarado en la URL proporcionada para tal uso. Ese identificador único es el valor alfanumérico que se encuentra definido justo detrás del "subdirectorio" /d/. Por poner un ejemplo, el valor que podríamos encontrarnos justo después de /d/ podría ser una cadena similar a `1n2BM9eF02Yoh75WywLFa-DCLS5po6TgK`.

También necesitaremos saber previamente qué tipo de archivo es ya que, si descargamos una imagen PNG como un JPEG o un XLSM como un XLSX es posible que haya comportamientos no deseables o no funcione nada.

Dicho esto, la siguiente macro a realizar será crear una macro que nos solicite a través de un formulario la URL a descargar y el nombre con el que se desea que se guarde. El formulario debería ser algo como:

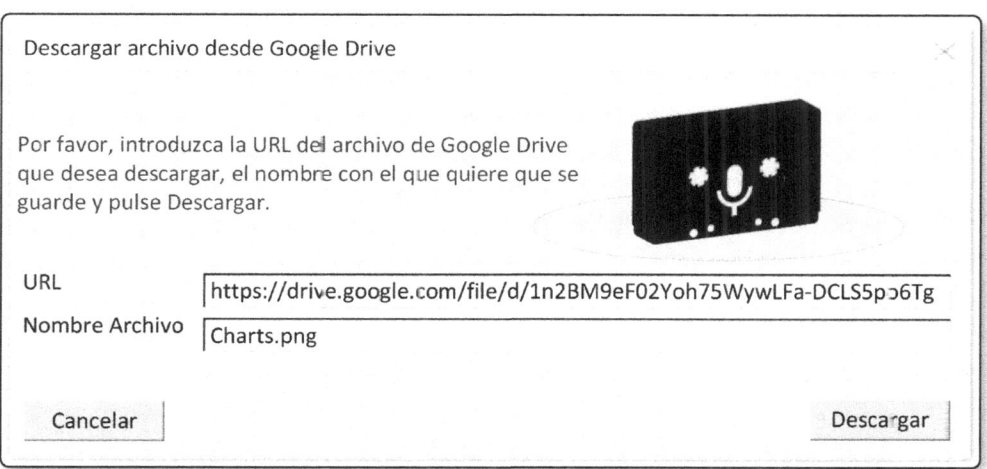

6.6.6.1 SOLUCIÓN

La solución de esta macro pasa por crear el formulario a través del Editor de VBA y, después, en la parte de código de nuestro formulario, que en este caso será `UserForm4`, insertar el siguiente código:

```vba
' Forzamos la declaración explícita
Option Explicit


' Para poder descargar archivos usando la función URLDownloadToFile
' primero debemos declararla y conectarnos a ella desde VBA
' En función de la versión de VBA utilizaremos una declaración de la
' función URLDownloadToFile u otra
#If VBA7 Then
    Private Declare PtrSafe Function URLDownloadToFile Lib "urlmon" _
        Alias "URLDownloadToFileA" ( _
            ByVal pCaller As LongPtr, _
            ByVal szURL As String, _
            ByVal szFileName As String, _
            ByVal dwReserved As LongPtr, _
            ByVal lpfnCB As LongPtr _
    ) As Long

#Else

    Private Declare Function URLDownloadToFile Lib "urlmon" _
        Alias "URLDownloadToFileA" ( _
            ByVal pCaller As Long, _
            ByVal szURL As String, _
            ByVal szFileName As String, _
            ByVal dwReserved As Long, _
            ByVal lpfnCB As Long _
    ) As Long
#End If


Private Sub DownloadBtn_Click()
    Dim ref, existeFichero As String
    Dim nSlash As Integer
    Dim aux() As String
    Dim target As String
    Dim realURL As String

    ' Definimos el directorio donde se guardará
    target = "C:\Users\usuario1\Downloads" & "\"

    ' Chequeamos si el archivo existe
    existeFichero = Dir(target & FileNameTxt.Value)
```

```
If existeFichero = "" Then
    ' Recuperamos la cantidad de slashes que tiene
    ' para tomar el último tras tratar la URL
    nSlash = Len(URLTxt) - Len(Replace(URLTxt, "/", ""))

    ' Convertimos la URL en un array separando elementos
    ' por el símbolo slash
    aux = Split(URLTxt, "/")

    ' Recuperamos el último valor del array
    ref = aux(nSlash - 1)

    realURL = "http://drive.google.com/u/0/uc?id=" & ref & _
            "&export=download"

    ' Ahora sólo queda provocar la descarga
    URLDownloadToFile 0, realURL, target & FileNameTxt, 0, 0

Else
    MsgBox "El fichero ya existe. Por favor, elija otro nombre" & _
            " o cancele la descarga"
End If
End Sub
```

Como se puede observar, aunque la URL original que nos han enviado tiene una forma específica, para hacer la descarga hay que construir otra diferente que, además, contiene el parámetro `export` establecido a `download`.

6.6.7 Macro 44: Descargar de la nube 2: CreateObject y Pixabay

Si en la macro anterior hemos visto cómo es posible descargar un archivo de Google Drive a través de la función `URLDownloadToFile`, ahora veremos cómo hacer lo mismo, pero con la función `CreateObject` y el objeto `ADODB.Stream`, el cual nos permite leer, escribir y administrar un flujo de datos textuales o binarios.

La función `CreateObject` nos permite crear y recuperar una referencia a un objeto ActiveX. Estos objetos ActiveX están expuestos y disponibles a través de otras aplicaciones o herramientas que son accesibles y utilizables desde cualquier lenguaje de programación bajo una plataforma Windows.

Esta función presenta dos posibles argumentos:

Argumento	Opcional	Descripción
Class	No	Es de tipo $Variant$ e indica el nombre de la clase y aplicación del objeto a crear. Este argumento se compone, a su vez, de dos partes. La primera indica la aplicación que proporciona o contiene el objeto y, la segunda, la clase que se desea usar para crear el objeto nuevo.
ServerName	Sí	Es de tipo $Variant$ e indica el servidor de red donde se creará el objeto. Si se omite o se establece a un valor de cadena vacía ("") se tomará como destino el equipo o servidor local.

En general, cuando se utiliza la función crea se suele definir a través del tipo de objeto **Object**, sin embargo, también es posible recurrir a declarar las variables de objeto con un Id. de clase específico como Excel. Así, por ejemplo, si se quisiera definir o declarar una variable que nos diera acceso a un libro de Excel podríamos escribir algo como:

```
Dim xlsBook As Excel.Workbook
```

Ahora bien, si lo que deseamos es provocar una descarga, a lo que debemos recurrir es a la aplicación **Microsoft** y clase **XMLHTTP**. Con esta declaración podremos realizar, de forma rápida y sencilla, solicitudes HTTP desde VBA, lo que hace posible que se pueda interactuar con un servicio web, con APIs, con páginas web o, incluso, con servicios de alojamiento remotos.

La forma de usar esta funcionalidad es de la siguiente manera:

```
Set xmlhttp = CreateObject("Microsoft.XMLHTTP")
```

Después de esta declaración, como ya veremos, se procederá a hacer una llamada a los métodos **Open**, **Send** y las propiedades **Status** y **responseBody**.

Dicho esto, la siguiente macro a realizar será crear una macro que nos solicite a través de un formulario, igual que el anterior, la URL a descargar y el nombre con el que se desea que se guarde. Si queremos usar el formulario anterior, el resultado debería ser algo como:

6.6.7.1 SOLUCIÓN

La solución de esta macro pasa por crear el formulario a través del Editor de VBA (o duplicar el anterior y modificarlo) y, después, en la parte de código de nuestro formulario, que en este caso será **UserForm5**, insertar el siguiente código:

```
Private Sub DownloadBtn_Click()
    Dim objXmlHttpReq As Object
    Dim objStream As Object

    Application.ScreenUpdating = False

    Set xmlhttp = CreateObject("Microsoft.XMLHTTP")

    xmlhttp.Open "GET", URLTxt, False

    ' Puede que esta línea no haga falta, pero la ponemos igualmente
    xmlhttp.setRequestHeader "Accept", "*/*"

    ' Si hace falta de descomenta la siguiente línea
    'xmlhttp.setRequestHeader "Proxy-Connection", "Keep-Alive"
    xmlhttp.Send

    ' Cuando hayamos recibido los datos, creamos el objeto ADOBD
    ' y lo guardamos en disco
    If xmlhttp.Status = 200 Then
        Kill "C:\Users\paenfernandez\Downloads" & "\" & "file.png"
```

```
        Set objStream = CreateObject("ADODB.Stream")
        objStream.Open
        objStream.Type = 1
        objStream.Write xmlhttp.responseBody
        objStream.Position = 0
        objStream.SaveToFile "C:\Users\wusuario1\Downloads" & "\" & _
                            "file.png", 2
        objStream.Close

        Application.ScreenUpdating = True
    End If
End Sub
```

REFERENCIAS

Microsoft. (2023). *Microsoft Learn, Posibilidad De Spark*. Obtenido de https://learn.microsoft.com/es-es/

ENLACES WEB

http://personales.upv.es/jpgarcia/LinkedDocuments/macrosVisualBasicParaExcel.pdf página 25 en adelante.

https://www.exceleinfo.com/curso-excel-vba-y-macros-cap-38-automatizando-macros-con-eventos-de-libro-o-workbook/

https://trumpexcel.com/excel-macro-examples/

https://blogs.itpro.es/exceleinfo/2019/07/30/curso-excel-vba-y-macros-cap-39-eventos-de-hoja-o-worksheet/

MATERIAL ADICIONAL

El material adicional de este libro puede descargarlo en nuestro portal web: *https://www.ra-ma.es*.

Debe dirigirse a la ficha correspondiente a esta obra, dentro de la ficha encontrará el enlace para poder realizar la descarga.

Cuando descomprima el fichero obtendrá los archivos que complementan al libro para que pueda continuar con su aprendizaje.

INFORMACIÓN ADICIONAL Y GARANTÍA

- ▸ RA-MA EDITORIAL garantiza que estos contenidos han sido sometidos a un riguroso control de calidad.

- ▸ Los archivos están libres de virus, para comprobarlo se han utilizado las últimas versiones de los antivirus líderes en el mercado.

- ▸ RA-MA EDITORIAL no se hace responsable de cualquier pérdida, daño o costes provocados por el uso incorrecto del contenido descargable.

- ▸ Este material es gratuito y se distribuye como contenido complementario al libro que ha adquirido, por lo que queda terminantemente prohibida su venta o distribución.